Vorwort

Wenn ich mein Buch *Licht am Ende des Lebens* vorstelle, kommt oft die Frage: »Und was haben Sie über die Hölle erfahren?« Zum Glück für mich war die Hölle nicht Bestandteil meines Erlebnisses, auch wenn ich die Wut Satans angesichts meiner Entscheidung, zur Erfüllung meiner Mission auf die Erde zurückzukehren, mitbekommen habe.

Während meine Erfahrung positiv war, hatten einige andere nicht dieses Glück. Manche Menschen mit Nah-Todeserfahrung sind nicht so wie ich auf das Licht zugegangen, sondern wurden von einem angstvollen, finsteren Ort angezogen.

Das vorliegende aufschlußreiche Buch von Angie Fenimore ist ein gutes Beispiel für die Annäherungen an die Hölle, die auch andere zu beschreiben versucht haben. Es rührt an viele Wahrheiten, von denen ich nach meiner eigenen Nah-Todeserfahrung fest überzeugt bin. *Jenseits der Finsternis* macht uns mit Angies Entdeckung bekannt, daß »genauso real wie Gott und Jesus Christus ein Wesen der Finsternis, Satan, existiert«, daß »Gott uns liebt und uns zu sich ruft«, uns aber »nicht zwingen kann, uns für das Licht zu entscheiden«. Wenn wir auf die Erde kommen, haben wir den freien Willen, das Richtige oder das Falsche zu wählen – das Negative oder das Positive. Wir – auch die, die den Tod erlebten – haben die Wahl: Wir können uns für das Licht oder für die Finsternis entscheiden. Ich bete darum, daß wir alle das Licht wählen. Ich hoffe, daß Sie mehr über das Licht herausfinden, wenn Sie diesen Bericht von der Reise einer Frau in die Finsternis lesen, und von der Liebe erfahren, die sie unbeschadet wieder ins Licht und in die Liebe Gottes zurückbrachte.

Macooa (»Ein Stück von meinem Herzen«)

Betty J. Eadie

Angie Fenimore

Jenseits der Finsternis

Eine Nah-Todeserfahrung,
die in die Schattenwelt führte

Vorwort von Betty J. Eadie

Aus dem Amerikanischen von
Rita Höner

Knaur

Danksagungen

Ich danke meinen Eltern und meiner Stiefmutter für ihre Liebe und ihren Mut, ihre Selbstlosigkeit und ihre Unterstützung; sie haben akzeptiert, daß ich von einigen unserer dunkelsten gemeinsamen Stunden berichte, damit es anderen nützt.

Meiner Schwester Toni. Ich bin so dankbar, daß wir zusammen in diese unstete Welt gekommen sind. Staunend stehe ich vor der Güte Gottes, der mich mit einer lebenslangen Freundin und Vertrauten gesegnet hat. Mit meiner Hand in deiner kann ich alles ertragen.

Meinen Kindern, die den Mut hatten, in mein Leben zu treten. Ihr seid von Gott gesandte Engel, meine Lehrer und der Quell meiner größten Freude.

Meinem Mann Richard für seine Geduld und dafür, daß er so lange mit mir gelitten hat. Weil du mir in den Stürmen des Lebens beigestanden hast, ist unsere Liebesgeschichte eine ganz besondere.

Einleitung

Er überwältigte mich jeden Januar und Juni – dieser schreckliche Zustand, den ich im Lauf der Zeit für mich den »Zyklus« nannte. Er begann mit einem Gefühl der Leere, die sich schnell mit zwanghaften Grübeleien füllte. *Erwachsene tun kleinen Mädchen schreckliche Dinge an ... ihre dreckigen, egoistischen, widerlichen Hände, die mich besudeln ... mich mit dem Gift des Hasses erfüllen.* Um die Gedanken abzustellen, betäubte ich meine Sinne, benebelte ich meine Gefühle, bis tiefste Apathie mich umfing und ich kaum fähig war, mich auf das Leben um mich herum zu konzentrieren oder mich um meinen Mann und meine zwei kleinen Söhne zu kümmern. Derart in mich selbst verschlossen, bekam ich das Gefühl zu ersticken und wußte nicht, wie ich aus dem Gefängnis meiner Angst und Verzweiflung herauskommen sollte.

Die professionellen Berater, die ich aufsuchte, ergingen sich in Theorien, aber die Therapien halfen mir nicht. Meine schrecklichen Geheimnisse waren so tief in mir verschüttet, daß der Alltag als gleichsam parallele Realität verlief, die von meiner Innenwelt völlig getrennt war. Schon als Kind hatte ich geglaubt, in zwei verschiedenen Sphären zu leben; ich war überzeugt, von Außerirdischen entführt und aus dem Weltraum in eine exakte Nachbildung meines Hauses, meiner Schule und meiner Welt gebracht worden zu sein; diese Welt war bevölkert von geklonten Betrügern, die vorgaben, meine Familie und meine Freunde zu sein. Später gab ich das Science-fiction-Szenario auf und dachte statt dessen, daß das außerirdische Wesen in mir wohnte, als böse Präsenz, die ich zwar verachtete, zu deren Vertreibung mir aber die Kraft fehlte.

Und so schrieb ich im Januar 1991, tief in der Finsternis des »Zyklus«, einen Zettel für meinen Mann Richard, meine Schwester Toni und meine Söhne: »Richard, bewahre meinen Ehering auf, und gib jedem der Jungen einen von den Perlenohrringen. Bitte sag Alex und Jacob immer, wie lieb ich sie hatte und daß es nicht ihre Schuld ist. Ich kann so nicht weitermachen. Irgend etwas in mir stimmt nicht. Toni, nimm den silbernen Ohrring, es tut mir leid, daß ich Dir nichts anderes geben kann. Ich hab' Dich lieb. Bitte versteh. Ich kann so einfach nicht weitermachen.«

Der einzige Ausweg, den ich sah, war der Selbstmord.

1

Als meine Beschwerden begannen, sah ich auf das Leben mit meiner Familie zurück und entdeckte erstaunt, daß ich Probleme weitergab, die uns seit Generationen plagten. Mein Vater war während der Weltwirtschaftskrise auf einem Bauernhof in Indiana groß geworden; er war das fünfte von neun Kindern, die sich eine Zahnbürste, zwei Betten und den Zorn ihres strengen Vaters teilen mußten. Mein Vater erinnert sich, daß er fast jeden Tag eine Gerte schneiden oder Großvater das breite Paddel bringen mußte, mit denen er auch bei geringfügigen Vergehen Prügel bekam. Ähnlich tyrannisch, wenn auch nicht ganz so grob, verfuhr er mit seinen eigenen Kindern aus erster Ehe. Auch die Familie meiner Mutter war gestört; ihr Vater trank, und ihre Mutter ließ ihre zwei Töchter – Zwillinge – allein mit dem Leben zurechtkommen. Meine Mutter wiederum versuchte, ihrem Leben zu entkommen, genauso wie später ich. Sogar die oberflächlich romantische Geschichte von der ersten Begegnung meiner Eltern schien zukünftiges Unheil anzukündigen. Sie lernten sich in einem kleinen Café in Indianapolis kennen. Meine Mutter hatte nicht genug Kleingeld, um an der Kasse zu bezahlen, und so beglich mein Vater ihre Rechnung. Er hatte gerade eine Scheidung hinter sich und seine Kinder, die schon im Teenageralter waren, an seine erste Frau verloren. Meine Mutter suchte nach einer Möglichkeit, aus ihrem schwierigen Elternhaus herauszukommen – nach jemandem, der sich um sie kümmern würde –, und mein Vater suchte jemanden, für den er sorgen konnte. Kurze Zeit später kam ich dann auf die Welt. Meine Mutter war siebzehn, eigentlich selbst noch ein Kind.

Als ich geboren wurde, lebten sie in einem winzigen Wohnwagen in Phoenix, Arizona. Von Beginn an war ich der Stern im Leben meines Vaters. Er war weicher geworden, konnte mehr Zärtlichkeit und Zuneigung äußern als bei seiner ersten Familie, und da meine Mutter keine Ahnung von der Säuglingspflege hatte, fiel es ihm zu, mich zu liebkosen und zu verhätscheln. Ich schrie, sobald ich nicht gewiegt wurde, und deshalb wiegte Vater mich fast ununterbrochen.

Schließlich kam Großmutter Carver, die Mutter meiner Mutter, und beendete diesen Unfug. Vater sagt, daß es ihm das Herz brach, aber die zwei Frauen ließen mich weinen und sagten ihm, er solle ins Bett gehen, denn er würde mich total verziehen.

Die meisten meiner »Erinnerungen« sind Familiengeschichten, die im Lauf der Jahre immer wieder erzählt wurden. Es gehört zur Familiensaga, daß ich meinen Vater morgens aufweckte, als ich stehen, ein paar Worte reden und nachts durchschlafen gelernt hatte. Ich stand in meinem Kinderbettchen, rüttelte an den Stäben und schrie: »Pa! Pa! Pa!«, bis er kam und mich rettete. Sobald ich klettern konnte, wartete ich nicht mehr darauf, daß Vater mich aus meinem Bettchen befreite. Eines Nachts wurde er um drei Uhr wach, weil jemand heftig an die Eingangstür pochte. Als er aufmachte, war ich mit einem netten Polizisten zusammen, der sagte, er hätte mich gefunden, wie ich im Schmutz spielte. Von da an kam Vater nachts regelmäßig nachsehen, ob ich auch im Bett war und nicht mit einem streunenden Hund durch die Straßen wanderte, was eine weitere ärgerliche Angewohnheit von mir war.

Trotzdem gelang es mir, dann und wann zu entkommen. In einer Nacht stellten meine entsetzten Eltern fest, daß ich nicht in meinem Bettchen war, und weckten die halbe Nachbarschaft, um mich zu suchen, was aber erfolglos blieb. Voller Angst gingen sie nach Hause, um die Polizei zu rufen, aber als Vater im Wohnzimmer das Licht anmachte, um zu telefonieren, fand er mich dort im offenen Kamin, fest eingeschlafen mit meiner Decke. Diese Geschichte habe ich sicher tausendmal gehört.

Wenn ich jetzt an sie denke, muß ich lachen. Es ist fast, als hätte ich schon damals versucht, meinem Leben zu entkommen.

In der ersten Zeit als »Vatis kleines Mädchen« hatte ich drei Lieblingsbegleiter. Zwei waren imaginäre Freunde, Ega und Ebber, und der dritte war meine Decke. (Ich muß meine Decke mitzählen, weil ich so viel Zeit mit ihr verbrachte und sie so liebte.) Vater sagt, daß ich mit Ega und Ebber »Einladung zum Tee«

spielte, aber ich erinnere mich vor allem an ihre praktische Fähigkeit, die Schuld für kleinere Missetaten übernehmen zu können. Zum Beispiel lagen auf dem Couchtisch in unserem Wohnzimmer ein Paar kleine Holzschuhe, die Papa nach dem Krieg aus Europa mitgebracht hatte. Ich liebte diese kleinen Schuhe, und manchmal zog ich sie an und schlich mich dann zum Spielen aus dem Haus. Wenn ich ertappt wurde, machte ich für die Flucht immer Ega und Ebber verantwortlich. Diese beiden Freunde verschwanden, als meine kleine Schwester Toni geboren wurde, aber an meiner Decke hielt ich fest. Flauschig und rot hatte sie einst auf dem Bett meiner Eltern gelegen. Sie tröstete mich immer.

Meine kleine Familie – Vater, Mama, ich und Toni – war in Arizona ziemlich isoliert. Außer ein paar »Abtrünnigen« in Kalifornien und Michigan lebten beide Zweige der Familie – und auch meine Halbgeschwister aus Vaters erster Ehe, die damals schon eigene Kinder hatten – in Indiana. Ich sah sie in meiner Kindheit nur ein paarmal und liebte sie in meiner Vorstellung auf unschuldige Weise, ohne sie wirklich zu kennen. Aber ich bekam mit, daß beide Großelternpaare mit dem Alter toleranter wurden, genauso wie mein Vater, nachsichtiger und freundlicher als mit den eigenen Kindern. Ich erinnere mich, daß bei Mamas Familie viel gelacht wurde, wenn wir sie besuchten. Wir Enkelkinder schaukelten abwechselnd auf Opa Carvers alter Gummireifenschaukel, bis wir müde waren oder die Sonne unterging und wir uns beim Anschieben nicht mehr sehen konnten. Toni und ich mochten unsere Cousins und Cousinen und gelobten, ein Leben lang Freunde zu bleiben. Ich erinnere mich noch daran, wie ich mit Toni und meinen Cousins Glühwürmchen jagte, während die Erwachsenen in Liegestühlen lagen, Bier tranken und sich unterhielten.

Vaters Familie war gesitteter und steifer, aber sie waren auch alle sehr viel älter, außer Carrie und Chris, die Zwillingstöchter von Vaters jüngstem Bruder. Sie waren fünf Jahre älter als ich. Carrie war mit einem Loch im Herzen geboren worden, das zugenäht wurde, als sie zwei Jahre alt war, und deshalb blieb sie klein und schwach. Trotzdem trugen sie und Chris uns huckepack kreuz und quer über den Bauernhof. Ich erinnere mich, daß ich an Carries dünnem Körper hing, während sie über das Gras trottete, und auf die andere Seite der Straße starrte, wo samtene Kornfelder schimmerten und sich im Wind wiegten. Carrie schaffte es über die schmutzige Straße bis zum Weizen; dann machte sie Pause, während Toni und Chris an uns vorbeischossen. Da Carries Rücken sich bei jedem Schritt mehr beugte, fürchtete ich, abgeworfen zu werden. Ich fragte, ob ich nicht mit Chris reiten könnte; ich machte mir noch keine Gedanken darüber, daß ich damit irgendwelche Gefühle verletzen könnte. Carrie war einfach zu zerbrechlich.

In dem Sommer, in dem die Zwillinge elf Jahre alt waren, kam Carrie ins Krankenhaus. Wir besuchten sie in Indiana, aber mir war nie bewußt, wie krank sie war.

Ich wünschte nur, sie würde wieder so gesund, daß sie mit uns spielen konnte. Statt dessen mußte sie noch einmal am Herzen operiert werden, und zu unserem Entsetzen überlebte sie die Operation nicht. Ich erinnere mich, daß ich genauso verwirrt wie traurig war. Carrie war in meinem Leben der erste Mensch, der starb.

Ich erinnere mich, daß Mama in Oma Carvers Wohnzimmer stand und ihre weiße Bluse für die Beerdigung bügelte. »Ich möchte auch mitkommen«, quengelte ich, aber Mama meinte, ich wäre noch zu klein. »Nein«, sagte sie sanft, »du und Toni bleibt mit Oma Carver hier.« So blieben mir nur Fragen und Angst: Hatte Carrie sterben *müssen*? Was bedeutet »sterben«? Würde ich sie irgendwann wiedersehen?

Auch Mama muß nach Antworten gesucht haben, denn nach Carries Tod begann sie, uns jeden Sonntag feinzumachen und die Gottesdienste aller möglichen Glaubensgemeinschaften auszuprobieren. Es war mein erster wirklicher Kontakt mit der Religion, und er gefiel mir sehr. In der lutherischen Kirche schnitten Toni und ich Ostereier aus Papier und sangen und hörten von Gott. Ich kann damals höchstens fünf oder sechs Jahre alt gewesen sein, aber ich erinnere mich noch an den Frieden und die Geborgenheit, die ich spürte, wenn mir gesagt wurde, daß Gott mich liebt.

Unsere besten Freundinnen, Mary und Susie, die nebenan wohnten, waren fromme Katholiken. Sie gingen in die katholische Schule und besuchten die Messe in einer großen überladenen Kirche, die bedrohlich und unwiderstehlich zugleich war. Wenn wir im Auto vorbeifuhren, starrte ich sie aus dem Fenster an, verwirrt von dieser undurchdringlichen Festung. Als wir zu Marys Erstkommunion eingeladen wurden, elektrisierte mich der Gedanke, endlich die schmiedeeisernen Tore durchschreiten und sehen zu können, was hinter den verbotenen Wänden war – Geheimnisse, die so groß waren, daß meine Freunde sie fraglos akzeptierten.

Die Messe selbst war mir ein Rätsel. Ich machte mit, wenn die anderen aufstanden und sich hinsetzten, und versuchte, mir auf den geheimnisvollen Gottesdienst mit seinen seltsamen Worten und seinen komplizierten Regeln einen Reim zu machen. Als wir nach Hause gingen, hatte ich mehr Fragen als vorher. Wie enttäuschend! Ich war mir noch nicht einmal sicher, ob die Katholiken denselben Gott verehrten wie die Protestanten.

Die nächsten religiösen Erfahrungen machte ich, als ich sieben Jahre alt war und wir nach Las Vegas zogen. Das einzige Mädchen in der Nachbarschaft, das etwa so alt war wie ich, war Shannon, die aus einer Baptistenfamilie kam. Mama und Papa hatten sich angewöhnt, sonntags morgens lange zu schlafen, und so gingen Toni und ich eine Zeitlang mit Shannons Familie zur Kirche. Später nahmen wir den Kirchenbus zur Sonntagsschule eigenständig und kamen uns sehr erwachsen und unabhängig vor. Die Sonntagsschule gefiel mir, vor allem die Bibelgeschichten und die Gebete, aber mit dem Gottesdienst war es anders.

Wenn der Prediger aufstand und anfing, zu jammern und zu klagen, machte mir das große Angst.
Als die Schule begann, lernte ich eine neue Freundin kennen, Terilyn. Sie gehörte zu unserer Fahrgemeinschaft, was zu meiner Einführung ins Mormonentum führte. Mittwochs nachmittags gab es in ihrer Kirche einen Elementarunterricht, der dem in der Sonntagsschule glich, mit viel Singen, Geschichten über Jesus und Gebeten der Kinder. Da wir auf dem Weg zurück von der Schule direkt an der Kirche vorbeifuhren, fragte Terilyn mich, ob ich mit zum Unterricht käme. Die helle, einfache Kapelle der Mormonen und ihre Vorstellung von einem zugänglichen, liebevollen Gott zog mich an. Es gefiel mir, daß ich während der Woche etwas über Gott erfahren und den angsteinflößenden baptistischen Sonntagsgottesdienst überspringen konnte.
Eines Nachmittags erwähnte ich in der Fahrgemeinschaft, daß ich eigentlich nicht wüßte, was ich im Gebet sagen sollte. Terilyns Mutter erklärte mir, daß wir uns im Gespräch mit Gott immer für das bedanken sollten, was uns gegeben wurde, und daß wir das Gebet mit den Worten beenden sollten: »Im Namen Jesu Christi, Amen.« Die Formel war einfach, was eine große Hilfe war. Ich konnte jetzt mit Gott reden, und so wurde er für mich wirklich gegenwärtig.
Ich war fasziniert von Gott und hatte den Wunsch, ihn so gut und persönlich zu kennen wie viele meiner Freundinnen. Dabei vermischte ich sicher die verschiedensten religiösen Vorstellungen miteinander,

aber der Kirchgang gab mir das Gefühl, dazuzugehören. Es gefiel mir, wenn die Gemeinde sang: »Er hält mein Leben in der Hand.« Ich verstand es wörtlich, und die Vorstellung, daß Gott mich in die Arme schloß, gab mir viel Trost.

2

Unterdessen war die Suche meiner Mutter über die Erforschung von Glaubensgemeinschaften hinausgegangen. Sie hatte angefangen, am College Psychologiekurse zu belegen. Da sie so jung geheiratet hatte – und in der Öffentlichkeit sehr ängstlich war –, hatte sie nie eine weitergehende Ausbildung in Angriff genommen. Am College lernte sie neue Freunde kennen, die sie ermutigten, einen gewissen Dr. Ryefield aufzusuchen, der ihr helfen würde, ihre Phobien zu überwinden. Er war Therapeut in Las Vegas, machte Gruppentherapie und unterhielt für Leute mit ernsten Problemen das ganze Jahr über ein einsames Camp in den Bergen nördlich der Stadt.

Zunächst schien die Therapie zu helfen. Kurz nachdem Mama begonnen hatte, zur »Gruppe« zu gehen, bekam sie einen Job und ein eigenes Auto. Sie hatte eine wunderschöne Stimme und spielte perfekt Gitarre, aber außer ihrer Familie ließ sie selten jemanden an ihrem Talent teilhaben, denn sie hatte solche Angst davor, sich öffentlich zu produzieren. Aber wenn sie und Vater jetzt zu Partys gingen oder selbst Gäste hatten, nahm Mama ihre Gitarre und sang. Zum erstenmal konnte sie es ertragen, im Zentrum der

Aufmerksamkeit zu stehen. Es schien ihr sogar zu gefallen.
Zu der Zeit fingen die Streitigkeiten zwischen Mama und Papa an. Jedesmal, wenn die beiden über Mamas Therapie sprachen, entwickelte sich das Gespräch zu einem Streit über ihre Unabhängigkeit. Es war Anfang der siebziger Jahre, eine Zeit, in der viele Menschen und insbesondere Frauen gewohnte Strukturen hinterfragten und nach anderen Lebensformen suchten. »Dieser verdammte Ryefield«, knurrte Papa dann; er war sicher, daß Mamas Therapie an ihren neuentdeckten Ambitionen schuld war.
»Mit ihm hat das nichts zu tun«, beharrte Mama. Sie tippte sich mit dem Finger an die Brust und sagte: »Ich muß etwas für mich tun.«
Ich erinnere mich noch an den Streit, der den Wendepunkt ihrer Ehekrise bezeichnete. Toni und ich saßen nebeneinander auf einem orangefarbenen Polstersessel und sahen fern. Ich versuchte, die Auseinandersetzung meiner Eltern zu ignorieren, aber ihre Wut machte mir angst – nicht so sehr ihre Intensität wie das, was sie für meine Familie bedeutete. Ich konnte förmlich spüren, daß eine Katastrophe in der Luft lag.
Mama schleuderte Papa einen Schwall von Forderungen entgegen, zusammen mit einer Reihe psychologischer Theorien. Toni und ich sahen uns an und stürzten zur Hintertür.
Erst am nächsten Sonntag nachmittag fanden wir heraus, was sie so aufgeregt hatte. Toni und ich spielten im Wohnzimmer, als Papa uns zur hinteren Veranda

rief, wo Mama am Campingtisch saß. Wimperntusche färbte ihre Wangen, und ich wußte, daß sie geweint hatte. Es schien sogar, als hätte sie viel geweint.
Toni und ich plumpsten auf die Bank neben Mama, während Vater die Bank uns gegenüber in Beschlag nahm. Als er seine Brille abnahm und sich mit Daumen und Zeigefinger über den Nasenrücken strich, war mir klar, daß er kurz davor war zu weinen. Ich hatte ihn noch nie so verstört gesehen, und Angst schnürte mir die Kehle zu. Vater war immer mein felsenfester Anker gewesen, der Mensch, der meine Ängste beschwichtigte. Mir fiel ein, daß ich einmal während einer Grippe nachts weinend aus einem Alptraum aufgewacht war; Vater war aus dem Bett gesprungen, um mich zu trösten, hatte sich dabei den Fuß vertreten und sich den Knöchel gebrochen. Weil er nicht mehr gehen konnte, war er in mein Schlafzimmer gekrochen und hatte sich dann auf dem unbeschädigten Bein aufgerichtet, damit der Anblick, ihn auf Händen und Knien zu sehen, mir keine Angst machte. Er knipste das Licht an, hüpfte zwei Schritte bis zum Fußende meines Bettes, setzte sich und keuchte: »Au, au, Angie, ich glaube, ich bin kränker als du.« Dann wurde er vor Schmerz ohnmächtig.
Papa hatte immer alle Sachen in Ordnung gebracht. Aber jetzt brach ihm die Stimme, als er sagte: »Mama geht den Sommer über weg.«
Mein Kopf begann sich zu drehen, und der Druck um meine Kehle wurde stärker; es war, als würden Vaters Worte mir die Luft nehmen. Der angenehm warme,

leichte Wind fühlte sich auf einmal heiß und stickig an. Die unvorstellbaren Worte brannten mir in den Ohren. Wir sahen zu Mama hinüber, aber sie weinte und verdeckte ihre Augen mit der Hand. Wir sahen sie selten weinen.
Mit den Tränen kämpfend, brachen Toni und ich in ein einstimmiges »Warum?« aus.
»Dr. Ryefield hat ein Camp oben in den Bergen, wo sie Gruppentherapie haben. Das wird Mama glücklich machen«, sagte Papa.
»Warum können wir nicht mit?« fragte ich.
»Sie muß allein gehen«, sagte Papa.
Toni weinte bereits, und ich wußte, daß meine Stimme zitterte, als ich fragte: »Können wir sie besuchen?«
»Nein«, sagte Papa. »Wir können Mama nicht besuchen, weil das zu ihrer Therapie gehört. Es gibt dort kein Telefon, und wir können auch keine Briefe schreiben.«
»Und was sollen wir dann machen?« fragte ich. Ich brach in Tränen aus, und dann konnte auch Vater die seinen nicht mehr zurückhalten.
»Liebt ihr euch nicht mehr?« schluchzte Toni.
»Natürlich lieben wir uns«, sagte er, »es ist nur für den Sommer; es wird dazu beitragen, daß Mama lernt, wie sie für euch Mädchen eine bessere Mutter sein kann.«
Mama schwieg weiter. Sie schien zu durcheinander, um zu sprechen. Vater stand vom Picknicktisch auf und ging zu dem Liegestuhl hinüber, der auf der Terrasse stand. Er sagte, Toni und ich sollten kommen und uns auf seinen Schoß setzen, und dann versuchte er,

uns zu trösten, obwohl er selbst weinte. Etwa eine Stunde lang saßen wir drei dort, schaukelten hin und her und weinten zusammen.

Später setzte ich mich auf das Bett meiner Eltern und sah Mama beim Packen zu. Ich war völlig verwirrt – wütend, ängstlich, traurig. Eine flüsternde innere Stimme sagte mir, daß diese Krise alle möglichen Dämonen in mein Leben rief. Ich spürte Mamas Spannung und wollte sie abbauen, sie durch meine Liebe binden. Ich glitt vom Bett und suchte meine rote Decke; sie sollte sie besänftigen und an zu Hause erinnern. Ich gab sie ihr, indem ich mit einem Anflug von Aufopferung erklärte: »Hier, Mama. Das kannst du mitnehmen.«

Mama beugte sich zu mir herunter und küßte mich, aber sie schien zerstreut. »Nein, du behältst deine Decke, Schätzchen«, sagte sie.

»Nein«, beharrte ich, »du nimmst sie mit. Ich brauche sie nicht mehr.«

Schließlich nahm sie sie.

So waren wir nur noch zu dritt. Jeden Abend führte Vater uns zum Essen aus, meist in irgendein Fast-food-Restaurant, was uns zunächst gefiel. Wenn wir dann nach Hause kamen, stellte Vater den Wodka auf den Tisch, während Toni und ich draußen spielten, bis die Straßenbeleuchtung eingeschaltet wurde. Dies war die einzige Regel, die wir noch befolgten, und das auch nur, weil wir im Dunkeln Angst hatten. An den meisten Abenden trank und weinte Vater, bis er umkippte.

Ich war die Älteste, und mir war klar, daß ich in unserem Haushalt eine Zeitlang Elternfunktionen übernehmen mußte. Mit der Reife und den Fertigkeiten einer Neunjährigen konnte ich den Haushalt natürlich nicht so führen wie Mama, aber ich konnte auf Toni aufpassen und versuchen, Papa glücklich zu machen. Toni und ich taten unser Bestes, um ihn fröhlich zu stimmen. Wir vergötterten ihn, und wir wußten, daß unsere Liebe ihm Halt gab.

Eines Abends, als Vater umgekippt war und zusammengesackt in einem Sessel im Wohnzimmer saß, dachten wir uns eine besondere Überraschung aus. Toni und ich machten aus einer Papiertasche eine Krone, die wir mit dünnem Blech bedeckten, und ich zeichnete ein buntes Schild, auf dem »König Papa« stand. Dann durchwühlten wir unsere Spielzeugkiste, die mit ausrangierten »feinen« Kleidungsstücken gefüllt war, und zogen ein altes Satinnachthemd von Mama heraus, das wir über Papas Schultern drapierten. Nach einer kleinen Zeremonie krönten wir »König Papa« und fotografierten uns mit der Polaroidkamera abwechselnd neben ihm. Als wir Vater am nächsten Tag weckten, möbelten unsere Fotos ihn mächtig auf.

Da regelmäßige Schlafenszeiten nicht mehr eingehalten wurden, seit meine Mutter das Haus verlassen hatte, erwachten Toni und ich nicht rechtzeitig, um den Baptistenbus zur Sonntagschule zu bekommen, und so begannen wir, eigene »Gottesdienste« abzuhalten. Zunächst sahen wir uns *David and Goliath* an, eine Kindersendung, die Bibelgeschichten mit Hilfe von Zeichentrickfiguren darstellte. Danach lieferte jede von uns eine baptistische Predigt, und anschließend lasen wir uns aus der Gideon-Bibel vor und ließen geborgtes Kleingeld aus Vaters Garderobe in ein Osterkörbchen fallen. Danach verabreichten wir uns die heilige Kommunion – zerbrochene Brotstückchen in unseren besten Porzellanschalen, die wir mit Traubensaft und manchmal echtem Wein hinunterspülten –, sangen eine Strophe eines Kirchenlieds und beendeten die ganze Zeremonie mit einem mormonischen Gebet.

Die unregelmäßigen Schlafenszeiten waren nicht die einzigen Anzeichen für das Chaos in unserem Leben. Ich glaube, ich habe kein einziges Mal gebadet, und ich weiß, daß ich mir den ganzen Sommer lang nicht die Zähne geputzt habe. Keiner von uns wußte, wie man einkauft, kocht oder saubermacht, aber eines Abends wagten wir den Gang zum Waschsalon. Vater schaufelte die Wäsche in eine Maschine, während ich ihm die Anweisungen laut vorlas. In der Nähe saß eine Frau, die in einer Zeitschrift blätterte, während sie darauf wartete, daß ihre Wäsche trocknete. Sie spähte über die Seiten und beobachtete, wie Vater die Beschriftung auf der Waschmittelverpackung las und dabei murmelte: »Hmm, ja, wollen wir mal sehen …« Wir müssen ziemlich jämmerlich gewirkt haben, denn sie kam herüber, um uns zu helfen.

Sie lächelte mich an, sah dann zu Vater auf und sagte: »Wissen Sie, wenn Sie die dunklen Sachen zusammen mit den weißen waschen, werden sie abfärben.«

»Oh«, sagte Vater.
Unsere Retterin half ihm, die Wäsche zu sortieren und zu waschen, so daß Toni und ich Zeit hatten, den Waschsalon zu erkunden und auf den pastellfarbenen, durch eine Metallstange miteinander verbundenen Stühlen mit unseren Barbiepuppen zu spielen. Schließlich war die Wäsche fertig – sauber, trocken und gefaltet. Unsere freundliche Helferin winkte und sagte: »Auf Wiedersehen, Mädchen. Paßt jetzt ihr auf euren Vati auf.«
Das versuchten wir nach besten Kräften.

3

Drei lange Monate vergingen, und dann war es an der Zeit, Mama abzuholen. Toni und ich waren außer uns vor Freude und plapperten aufgeregt, als wir uns zu der Tagesfahrt ins Auto zwängten. Nachdem wir die Berge erreicht hatten, dauerte es noch ein paar Stunden, bis wir die abgelegene Straße fanden, die in den Canyon führte, in dem das Camp lag. Er brachte uns zu einem Gebirgskamm, auf dem die Straße stellenweise so schmal wurde, daß nur ein Auto Platz hatte und es beidseits steil nach unten ging. Es war schon dunkel, und Vater hatte solche Angst abzustürzen, daß er das Auto am Straßenrand parkte, sobald wir eine Stelle erreichten, die etwas breiter war, und auf das Tageslicht wartete.

Als die Sonne über den östlichen Rand des Canyons lugte, fuhren wir weiter. Nachdem wir die schmale Straße hinter uns gelassen hatten, durchquerten wir ein Bachbett und kamen schließlich zu der Sandpiste, die uns zum Camp bringen würde.

»Haltet nach einem Wohnwagen Ausschau, Mädchen«, sagte Vater. Eifrig sprangen wir über den Sitz und preßten – ganz Papas eifrige Helferinnen – die Nasen an die Windschutzscheibe; jede wollte ihn als erste sehen.

Schließlich entdeckte ich den Wohnwagen. Wir hielten neben ihm an und drängten uns aus dem Auto. Im Wohnwagen befanden sich ein Telefon und mehrere Pappkartons sowie zwei nette Frauen. Eine von ihnen würde uns zu dem Camp führen, das nur zu Fuß zugänglich war und etwa acht Kilometer weiter in den Bergen lag.

Also stapften wir hinter ihr her, mal quengelnd, mal aufgeregt. Toni fragte jede Viertelstunde: »Wann sind wir da, Vati?«

»Gleich, mein Schatz«, antwortete er jedesmal geduldig. Die Staubwolken, die meine Füße aufwirbelten, legten sich wie eine Schicht um meine Beine, während ich den Pfad entlangtrottete.

Uns wurde so warm, und wir waren so eingestaubt, daß das Wasser, das wir schluckweise immer wieder aus der Feldflasche unserer Führerin tranken, unsere kratzenden Kehlen kaum anzufeuchten schien. Unsere Stimmung wurde immer schlechter, bis ich schließlich in einem Dickicht vor uns ein Tipi sah, das inmitten der Bäume verborgen war. Rauch stieg in Ringen über ihm auf. Wir bogen um eine Ecke, und vor uns lag ein flaches natürliches Wasserbecken, das auf einer Seite von vereinzelten Bäumen umstanden war. Wir waren da. Das war Bear Creek.

Die Frau, die uns führte, brachte uns zu einem Tipi, das versteckt zwischen ein paar Bäumen lag. Ein paar Leute mit langen Haaren und abgewetzten Jeans kamen heraus. Eine von ihnen war Mama! Sie sah ganz anders aus, aber nicht nur ihr Haar und ihre Kleidung hatten sich verändert. Denn selbst als sie uns umarmte und sagte, daß sie uns vermißt hätte, wirkte sie vollkommen apathisch. Mama war immer reserviert gewesen, aber weil ich bei ihrem Anblick so aufgeregt war, lief mir angesichts ihrer Verschlossenheit ein Schauder über den Rücken.

Einer der Männer hatte offensichtlich eine Autoritätsposition inne, denn er bewegte Vater dazu, mit Mama und ihm ins Zelt zu gehen; er sagte, sie müßten etwas besprechen. Vater schien nervös; man sah ihm an, daß er diese neuen Leute nicht mochte, aber er zuckte mit den Achseln und kam der Aufforderung nach.

Als er herauskam, wirkte er völlig deprimiert. Er schwieg, als Mama uns das Camp zeigte. Es gab nur zwei Gebäude: die Küchenbaracke – eine große Holzkonstruktion auf Stelzen, in der die Mahlzeiten an Tischen aus ungehobelten Holzplanken eingenommen wurden – und das Versammlungshaus, ein achteckiges Gebäude mit Bänken entlang der Innenwände, in dem die Bewohner des Camps ihre Gruppentherapie hatten. Alle wohnten in Tipis. Manche Tipis waren größer als andere, aber die meisten boten Platz für zwei oder drei Erwachsene. Mama wurde ganz aufgeregt, als wir den Hügel hinter der Küchenbaracke zu ihrem Tipi hinaufkletterten; die Frau, die mit ihr im Zelt wohnte, war gegangen, so daß wir alle hineinpaßten. Es war, als wären Toni und ich Mamas Schwestern und sie würde uns ihr Zimmer im College zeigen. Als Geschenk überreichte sie jeder von uns einen polierten Stein. Der von Toni war glänzend braun und wurde von funkelnden

Bernsteinadern durchzogen. »Er erinnert mich an dich, Toni«, sagte sie. »So ruhig und gelassen.« Meiner bestand aus einem Wirbel von Farben, Lavendelblau, Zinnoberrot und Rauchgrün. Ihre Wahl beeindruckte mich. Ich hatte nie gedacht, daß sie hinter meine quirlige äußere Erscheinung in die Welt meiner Vorstellungskraft gesehen hatte.

Nach kurzer Zeit rief die große Kuhglocke zum Abendessen, und bei Sojabohnen und Tomateneintopf lernten wir den Rest der Gemeinschaft kennen. Unter einer guten Mahlzeit stellte ich mir etwas anderes vor, aber zum Glück gab es ein Dessert, einen Geburtstagskuchen, mit dem ich mich vollstopfen konnte. Das Geburtstagskind war Danielle, eins von den Kindern, die ständig dort lebten; sie war ohne ihre Eltern da und wohnte mit einer erwachsenen Frau in einem Tipi. Als die Frau aufstand und ankündigte, daß es jetzt an der Zeit sei, »Happy Birthday« zu singen, lachte sie und sagte, Danielle würde in letzter Zeit eine Menge Aufmerksamkeit bekommen. Ich lehnte mich zu Mama hinüber und fragte sie, was das bedeutete. »Na, Danielle hat letzte Woche zum erstenmal ihre Periode gehabt, und wir haben eine Party für sie veranstaltet«, sagte Mama. Die Antwort machte mich völlig verlegen; ich war schockiert, daß meine zurückhaltende Mutter etwas derart Privates so beiläufig laut aussprach, und noch dazu in einer Gruppe, in der auch Männer waren.

Am nächsten Tag begegneten wir einem anderen der Kinder, die auf Dauer hier waren, Davey. Wir stießen auf ihn, als wir die Wälder erkundeten. Er war nur mit schmutziger Unterwäsche bekleidet und hatte eine schwere Sprachstörung. Ganz offensichtlich war er schlecht ernährt und sozial ausgehungert. Die anderen Kinder erklärten, Davey dürfte nur eine einzige, aus Brot und Wasser bestehende Mahlzeit pro Tag zu sich nehmen. Es war ihm verboten, sich einem der Erwachsenen anzuschließen, und mit den Kindern durfte er nur begrenzten Kontakt halten, denn er machte eine »Deprivationstherapie«. Obwohl ich erst neun Jahre alt war, wußte ich, daß mit der Behandlung dieses Jungen etwas überhaupt nicht stimmte.

Aber der Schock über die Bekanntschaft mit Davey verblaßte, als Vater uns abends die Ergebnisse der Unterredung mitteilte, die er bei unserer Ankunft gehabt hatte. Mama würde länger bleiben, weil sie »noch nicht all ihre Probleme gelöst hatte«. Sie würde nicht mit uns nach Hause kommen.

So endete der Tag, der so überschwenglich begonnen hatte, in einer Wolke der Depression.

Wir kehrten noch ein paarmal nach Bear Creek zurück, um Mama zu besuchen. Bei unserer nächsten Fahrt dorthin sah ich vor der Küchenbaracke einen älteren Jungen; er übte sich darin, ein Messer so auf den Boden zu werfen, daß es steckenblieb. Ich kannte ihn nicht, und deshalb setzte ich mich auf die Stufen, um mit ihm zu reden. »Wie heißt du?« fragte ich.

»Billy«, sagte er; zwischen seinen Lippen hing eine angezündete Zigarette. Er fuhr fort, das Messer auf den Boden zu werfen und wieder aufzuheben.

»Wie alt bist du?« fragte ich.

»Sechzehn«, erklärte er. Sein schulterlanges schwarzes Haar war hinten zu einem Pferdeschwanz gebunden, und seine Jeans waren voller Löcher. Abgesehen von dem jungenhaften Lächeln auf seinem Gesicht sah er aus, als hätte er sehr viel länger gelebt als sechzehn Jahre.

»Und warum bist du in Bear Creek?« drängte ich.

Billy murmelte eine Obszönität über seine Eltern und Dr. Ryefield. Er war überzeugt, daß seine Eltern und überhaupt alle Leute in Bear Creek – insbesondere aber Dr. Ryefield – verrückt wären.

Am nächsten Tag sagte Mama mir und Toni, daß Billys Familie übers Wochenende gekommen sei, um an ihrer Feindseligkeit zu arbeiten. Sie schlug vor, daß wir von den Campgebäuden fernbleiben sollten – worauf Vater bestand. Also nahmen wir mit den anderen Kindern, die zu Besuch da waren, ein Bad in dem flachen natürlichen Schwimmbassin. Davey kam mit und schwamm ohne Unterwäsche; er meinte, ohne Kleider sei es schöner. Ein erwachsener Mann schloß sich uns an und schwamm ebenfalls nackt, was bei Toni und mir Unbehagen auslöste. Die anderen bemerkten unsere Verlegenheit und versuchten uns dazu zu überreden, uns ebenfalls auszuziehen. Sie vermittelten uns das Gefühl, dumm zu sein, aber wir hingen an unseren Kleidern und konnten unser Schamgefühl nicht überwinden.

Dann hörten wir Schreie, die von den Wänden des Canyons widerhallten. Die Geräusche kamen von der Küchenbaracke. Neugierig und ein bißchen ängstlich krochen wir alle den steilen Pfad bis zum Wasserrad hinauf, um zu sehen, was los war.

Vor der Küchenbaracke hatte sich eine Menschenmenge versammelt. In ihrem Zentrum standen die Mitglieder von Billys Familie; alle hatten Hundehalsbänder um, die an Ketten befestigt waren. Die starken Männer der übrigen Gruppe hielten die Ketten fest, damit die Familienmitglieder bei ihren Ausbrüchen – Knurren, Bellen und Obszönitäten schreien – voneinander getrennt blieben, während die Gruppe sie anfeuerte. Ich hatte noch nie eine solche Explosion leidenschaftlicher Wut gesehen und empfand die Szene als schockierend und unwirklich. Der Vater und der älteste Bruder waren am wildesten; sie spuckten sich an und griffen in die Luft, als wollten sie sich zerreißen. Ich war sicher, daß sie ihre Fesseln durchbrechen und ein Chaos unter uns allen verursachen würden, um der emotionalen Zerstörung, die sie einander antaten, ein Ventil zu geben. Plötzlich wurde mir klar, wie merkwürdig und isoliert Bear Creek in Wirklichkeit war.

Als wir das nächstemal hinfuhren, hatte die Gruppe Billy die Schuhe abgenommen und ihm den Kopf geschoren, weil er einen Fluchtversuch gewagt hatte. Sie dachten, so würde er bestimmt dableiben. Als ich ihn fragte, wie es ihm ging, warf er mir nur schnell einen Blick zu und sah dann weg. Er konnte niemandem vertrauen. Er war gebrochen worden.

Aber die für mich schlimmste Erfahrung machte ich am Thanksgiving-Wochenende. Mama hatte ein paar Tage mit uns in Las Vegas verbracht, und Toni und ich waren mit ihr zurückgefahren, während Vater allein zu Hause blieb. Wir hatten uns inzwischen mit einigen Kindern in Bear Creek angefreundet, und ein paar von uns zogen aus, um mit Davey zu spielen, der immer noch in der Isolation lebte. Als die Kuhglocke zum Thanksgiving-Abendessen rief, bat Davey uns, ihm ein bißchen Essen zu bringen. Die anderen hatten Angst, es zu tun, aber ich konnte nicht zulassen, daß er ausgerechnet an Thanksgiving allein war und hungerte. Deshalb flüsterte ich ihm zu, er solle sich unter der Küchenbaracke verstecken; ich würde meinen Teller ein zweites Mal füllen und ihm heimlich zukommen lassen. Es war dunkel, als ich das Essen hinausschmuggelte, aber eins von den anderen Kindern entdeckte mich, und als gehorsames Kind erzählte es alles seiner Mutter.

Am nächsten Morgen wurden Toni und ich zur Gruppentherapiesitzung zitiert, wo verkündet wurde, daß ich ein Gesetz der Gemeinschaft gebrochen hatte. Dr. Ryefield schlug vor, daß ich für mein Vergehen bestraft werden sollte, aber nur, wenn meine Mutter einverstanden wäre.

Ich sah zu Mama hinüber und vertraute darauf, daß sie mich vor einer solchen Ungerechtigkeit bewahren würde. Ich spürte die wütenden Blicke aller Anwesenden. In meinem Innersten wußte ich, daß es richtig gewesen war, Davey mit Essen zu versorgen, aber ich hatte trotzdem Schuld- und Schamgefühle – nicht weil ich ihm das Essen gebracht hatte, sondern weil meine Mutter von der Bewunderung dieser Leute abhängig war. Ich hatte Angst, daß mein Vergehen Schande über sie bringen würde. Als Mama sich umwandte, um mich einen Augenblick anzusehen, las ich in ihren Augen, daß meine öffentliche Demütigung auch sie quälte. Aber als sie schließlich sprach, sagte sie nur: »Ja, das ist gerecht.«

Zur Strafe mußte ich die nächste Mahlzeit auslassen, aber die weitaus schlimmere Strafe war der Verrat meiner Mutter und das Gefühl, daß diese Leute sie mir gestohlen hatten. Als die Gemeinschaft zusammen zu Mittag aß – ich saß ohne Teller dabei –, war ich sicher, daß Mama angesichts der Vorkommnisse bei der Gruppentherapie nicht wohl war. Sie sah mich immer wieder an und fragte schließlich: »Alles in Ordnung, Angie?«

»Ich hab' gar keinen Hunger«, sagte ich und versuchte, meine Verlegenheit zu verbergen; ich wünschte, sie hätte nicht noch mehr Aufmerksamkeit auf die Tatsache gelenkt, daß ich nicht aß. Mir war jetzt klar, daß für Toni und mich in ihrem Leben kein Platz mehr war. Bear Creek oder wir, das waren die Alternativen, und sie hatte sich entschieden. Wir hatten sie verloren.

4

Vater war jetzt klar, daß Mama für immer weg war, und versuchte, unsere Verzweiflung aufzufangen. Ich wußte noch nicht einmal, was eine Scheidung war. Die juristischen Schritte gingen über meinen Horizont hinaus, und es erfüllte mich mit Entsetzen, mir Mamas dauerhafte Abwesenheit auch nur vorzustellen.

Vaters Anstrengungen, die Leere zu füllen, wurden für Toni und mich zu einem Alptraum. Die meisten Frauen, mit denen er ausging, hatten etwas dagegen, ihn mit uns zu teilen, und fürchteten die Verantwortung, die eine bereits vorhandene Familie mit sich bringt. Brandy war anders. Sie hatte eine üppige Figur, lange blonde Haare mit wuscheligem Pony, war neunzehn Jahre alt und Empfangsdame in Vaters Büro. Sie war verheiratet, aber ihr Mann war der, der den Rhythmus ihrer Beziehung zu meinem Vater bestimmte; ich weiß immer noch nicht genau, welche Sehnsüchte dieses Trio sich gegenseitig erfüllte. Da Brandy wußte, daß wir für Vater wichtig waren, war sie zu uns sehr nett. Einmal führte sie uns in ein Stoffgeschäft und bot uns an, Hosenanzüge aus dem Stoff zu machen, der uns gefiel. Ich entschied mich für braune Baumwolle mit aufgedruckten Bonbons. Obwohl die Hosenanzüge uns nie richtig paßten, trugen wir sie ständig. Wir brauchten Brandys Aufmerksamkeit und Freundlichkeit noch mehr als Kleidungsstücke.

Brandy lebte mit ihrem Mann Sonny und einem großen, übelriechenden Mann namens Lenny in einem schrecklichen kleinen Wohnwagen im Norden von Las Vegas. Sonny war im Gefängnis gewesen und trug die Zigaretten in den hochgerollten Ärmeln seines T-Shirts. Er sprach selten direkt mit uns, wofür wir dankbar waren, aber seine lüsternen Augen fixierten mich, während er zu Lenny bemerkte, was für »scharfe Puppen« Toni und ich in ein oder zwei Jahren sein würden.

Eines Freitagabends ging Vater mit Toni und mir Hamburger essen und kündigte dann an, daß wir anschließend zu Brandy gehen würden. »Ich möchte da nicht hin«, protestierte ich. Ich haßte Sonny und Lenny.

»Ach, wir bleiben doch nicht lange«, tat Vater meine Beschwerden ab.

Alte Zeitungen und leere Bierdosen lagen im Wohnwagen herum. In der Ecke des Raums war ein Glasbecken, das ungefähr so groß und tief wie mein kleiner aufblasbarer Swimmingpool war. Es war mit Wasser, Steinen und Algen gefüllt und von Heizlampen umgeben. In dem Becken hielten Brandy und Sonny die zwei kleinen Alligatoren, die Lennys Gefährten waren. Obwohl es bedeutete, daß wir mit Lenny und den zischenden Alligatoren allein blieben, war ich ein wenig erleichtert, als Brandy Vater und den bedrohlich aussehenden Sonny nahm und im Schlafzimmer verschwand.

Toni und ich saßen nervös und eng beieinander auf der abgenutzten Velourscouch, während Lenny schmutzige Zeitschriften durchblätterte. Von Zeit zu Zeit fühlte er sich veranlaßt, uns seine Lieblingsbilder zu zeigen. Uns war zu unbehaglich und elend zumute, um ein Wort zu sagen.

Ein paar Stunden vergingen, bevor Vater wieder aus dem Schlafzimmer auftauchte und bereit war, uns nach Hause zu bringen. Er war völlig betrunken. Im Auto schlief Toni auf dem Beifahrersitz, aber ich blieb, auf Vaters Schoß sitzend, wach. Ich mußte ihm beim Lenken helfen.

Kurz danach verschwand Brandy aus unserem Leben. Vater wich Fragen nach dem Grund aus, aber Toni und ich vermuteten, daß Sonny sich durch Vaters und Brandys Beziehung unter Druck gesetzt fühlte und das Trio Schiffbruch erlitten hatte. Um Brandy zu bestrafen, hatte Sonny ihr Pferd totgestochen. Das hatte Vater die Augen geöffnet.

Eine Reihe aufgedonnerter Frauen und manchmal ihre Männer wanderten durch unser Leben. Wenn Vater eine Verabredung hatte, blieben Toni und ich mit einem »Babysitter« zu Hause, aber oft wurden wir auch mitgenommen. Mit der Verwirrung über die Vernachlässigung und den alkoholintensiven Partys kam der sexuelle Mißbrauch, der mich in den folgenden Jahren quälte. Ich hasse es, mich an diese Begegnungen und die Gefühle, die sie in mir auslösten, zu erinnern, und erst recht, sie zu beschreiben – das Entsetzen, das Ausgeliefertsein, das Gefühl, für Widerstand zu schwach zu sein, die Verschwörung des Schweigens, die mich davon abhielt, Hilfe zu suchen, die Überzeugung, daß ich diese peinliche Aufmerksamkeit auf mich gelenkt hatte, die Schuldgefühle, die Scham, die Selbstvorwürfe. Inzwischen weiß ich, daß solche Gefühle bei den Opfern eines sexuellen Mißbrauchs üblich sind. Aber damals war ich so allein und verängstigt, daß ich meine Wut nur gegen mich richten konnte und mir absolut wertlos vorkam.

Zu der Zeit begannen die Alpträume und die Eßstörungen. Was ich aß, war das einzige in meinem Leben, das ich bestimmen konnte. Ich erinnere mich an einen Abend, an dem wir zu »Dennys« essen gingen – Fast food aßen wir immer noch am häufigsten. Nichts machte mir Appetit, aber ich bestellte irgend etwas. Ich nahm ein Stückchen Kartoffel und fühlte mich gezwungen, meine Gabel zu säubern; also faltete ich meine Serviette und zog die Gabel durch. Ich nahm einen weiteren Bissen und wischte wieder meine Gabel ab. Ich fühlte mich so schmutzig, so verunreinigt.

»Was um alle Welt machst du da?« fragte Toni.

»Ich will mein Essen nicht durcheinander essen«, sagte ich.

»Aber du ißt doch nur Kartoffeln«, antwortete sie.

»Kümmere dich um dein eigenes Essen, und laß mich in Frieden«, gab ich zurück, und dann ging ich zur Toilette, bis Toni und Vater fertig waren. Diese spezi-

ellen Rituale wechselten mit Phasen, in denen ich tagelang hungerte.
Vater wußte nicht, wie er mit meiner Not umgehen sollte, und beschloß, sie zu übersehen; sicher hatte er Schuldgefühle wegen des Chaos, das nun in unserem Leben herrschte. Mama war nur mehr ein Schatten in unserem Dasein. Nach der Beendigung ihrer Behandlung in Bear Creek hatte sie einen Job bekommen und in Las Vegas mit Freunden eine Wohnung gemietet. Sie hatte ihren Namen geändert und sich ihre Nase chirurgisch verändern lassen – Symbole für die neue Frau, die sie geworden war. Sie war zu weit weg von uns, um sich um meine Probleme zu kümmern. Auch in Gedanken bezeichnete ich sie jetzt kaum noch als Mama.
Vater war die Möglichkeit angeboten worden, beruflich nach Südkalifornien zu wechseln, was er mit Freuden akzeptierte, und Mama hatte nicht protestiert. Auf den Tag drei Jahre nach unserer Ankunft in Las Vegas zogen wir von dort weg. Unsere neue Wohnung in Kalifornien war dunkel und trist, aber ich sah sie als Chance zum Neuanfang. Ich änderte sogar meinen Namen und stellte mich den Kindern in der Nachbarschaft als Roxanne und Toni als Lorena vor. Die neuen Namen blieben uns, bis die Schule begann und unsere Geburtsurkunden uns verrieten.
Zu den Nachbarskindern gehörten auch zwei Jungen, Paul und Eric, die mich und Toni gern ärgerten. An einem sonnigen Nachmittag, als ich im Dreck herumkritzelte, sah ich, wie der jüngere, Eric, mich durch

seine Moskitotür beobachtete. Riesige Eichen säumten den Bürgersteig, der die Apartmenthäuser verband, und ich nahm ein paar Eicheln auf, um sie auf ihn zu werfen. Unerschrocken drückte Eric seine Nase gegen das Gitter und brüllte: »Roxanne, ich möchte dich küssen!«

Ich warf ihm einen finsteren Blick zu: »Bleib mir bloß vom Leib, du Scheißkerl!« schrie ich, stand auf und floh in Richtung Parkplatz.

»Ich liebe dich, Roxanne-Banane«, kreischte er, während er die Moskitotür aufstieß und auf mich losstürzte. Schreiend rannte ich um den Block, und Eric jagte hinter mir her. Ich schaffte es bis zum Parkplatz und hinauf bis zu dem Weg, der die winzigen Höfe voneinander trennte. Dort stand Erics Mutter Harriet; sie klopfte mit dem Fuß auf den Boden und trocknete sich die Hände an einem Geschirrhandtuch ab. Ich stoppte, während Eric am Ende der Wohnanlage um die Ecke schoß.

»Eric! Du kommst sofort ins Haus, und du hörst auf, Roxanne zu ärgern!« schrie Harriet. Sie gab ihm einen Klaps auf den Po, als er hinter ihr her in die kleine Wohnung trottete.

Dann wandte sie sich an mich. Sie war die größte Frau, die ich je gesehen hatte, mit breiten Schultern und stabilem Körperbau. Aber ihre braunen Augen sahen freundlich aus, als sie mich anlächelte und sagte: »Ist dein Vater noch bei der Arbeit, Schätzchen?«

»Ja, noch eine Stunde«, antwortete ich.

Harriet legte ihre Hand auf meine Schulter und sagte:

»Geh deine Schwester holen, und dann kommt ein paar Plätzchen essen.«
Harriet wurde zu einer neuen Stütze in unserem Leben. Ich ertrug sogar ihren unangenehmen Sohn Eric, um mit ihr zusammenzusein. Sie brachte uns Essen und spielte für Vater die Kupplerin. Sie hatte eine Freundin, die gerade geschieden worden war und wegen einer Gebärmutterentfernung im Krankenhaus war. Als die Freundin sich erholt hatte, brachte Harriet die beiden zusammen.
So lernten wir JoAnne kennen. Viele Fauen, für die Vater sich interessierte, wollten nicht für zwei kleine Mädchen an Mutters Stelle treten, und die, die uns zu mögen schienen, reizten ihn nicht. Aber JoAnne entsprach Vaters Anforderungen voll und ganz. Sie war alleinstehend, machte ihn im Bett glücklich, hielt das Haus sauber, hatte selbst eine fünfjährige Tochter und war bereit, Toni und mich im Austausch gegen Vaters Liebe zu übernehmen. Kurz nach ihrer ersten Verabredung waren Vater und JoAnne verheiratet.
Und nicht lange danach begann die Anstrengung, zwei Familien zusammenzubringen, uns alle zu belasten.
Als ich eines Nachmittags in ein paar Sachen herumschnüffelte, die JoAnne in meinem Schrank gestapelt hatte, entdeckte ich eine Mappe. Nach einem Blick in den Flur war ich sicher, allein zu sein, und öffnete sie. Das, was ich sah, entsetzte mich. Da waren Bilder von JoAnne, wie sie mit schwarzumrandeten und geschwollenen Augen in einem Krankenhausbett lag. Nähte hielten Teile ihres Gesichts zusammen, und ein

Band hielt ihren Kiefer an Ort und Stelle. Bei den Bildern lagen Kopien von Versicherungsformularen, Unfallberichte und ein Zeitungsartikel. Ich vertiefte mich in die Informationen: »Unfall zweier Fahrzeuge ... JoAnne Leigh, 20 ... ernster Zustand ... im achten Monat schwanger, verlor das Baby.« Ich legte den Stapel schnell wieder dahin, wo ich ihn gefunden hatte.

Einige Zeit später erzählte JoAnne mir von ihrem Martyrium. Nachdem die Ärzte erkannt hatten, daß das Baby bei dem Zusammenstoß getötet worden war, leiteten sie die Wehen ein. Sie dauerten die ganze Nacht, und dann begann sie zu bluten. Sie hörte, wie die Ärzte sagten: »Die wird das nicht überleben. In einer halben Stunde ist sie weg. Wir sagen es besser der Familie.« Und sie dachte: »Ich kann nicht sterben. Ich bin zu jung.« In dem Moment erkannte sie, daß sie über ihrem Körper schwebte und sich auf dem Bett liegen sah; die Ärzte arbeiteten wie rasend, und in der Eingangshalle stand weinend ihre Familie. Sie war in helles Licht gehüllt, aus dem zwei Wesen auftauchten, die ihr vertraut schienen, auch wenn sie nicht genau wußte, wer sie waren. »Deine Zeit ist noch nicht gekommen«, sagten sie ihr. »Aber ich will nicht zurückgehen«, bat sie. Doch sie bestanden darauf: »Du mußt zurückgehen. Der Herr hat mit dir auf der Erde noch etwas vor.« Und deshalb, so sagte sie, sei sie den schwierigen Weg gegangen, ins Leben zurückzukehren: um zu erfüllen, was immer ihre besondere Aufgabe sein würde.

Ich wußte nicht, was ich von ihrer Geschichte halten sollte, aber ich wußte, daß der Teil, der das schwierige Leben betraf, stimmte. JoAnne hatte mir von ihrer schlimmen Kindheit erzählt, und ich wußte, daß sie an Migräne litt. Erst später lernten wir ihre Anfälle klinischer Depression kennen, ihre Selbstmordversuche und die gewalttätigen Ausbrüche, die zu Aufenthalten in der Psychiatrie führten. Da war sie auch gewesen, als sie sich Harriet zufolge von einer Gebärmutterentfernung erholte.

JoAnne gab meinem Leben eine Struktur und die Möglichkeit, wieder ein kleines Mädchen zu sein, zwei Dinge, die ich dringend brauchte und im Innersten haßte, und so wurde ich zur Zielscheibe ihres Zorns. Wenn ich etwas so Banales wie das Zusammenlegen der Kleider vergaß, löste dies einen gehässigen Schwall von Beschuldigungen aus. JoAnne schien überzeugt, daß ich alles, was ich falsch machte, nur tat, um sie zu ärgern. Sie schrie dann, ich sei dumm oder, schlimmer, »genau wie deine Mutter«.

Ihre Reaktionen waren völlig unberechenbar. Als ich in der sechsten Klasse auf Exkursion war, bekam ich im Schulbus Schwierigkeiten, weil ich Papier auf einen Jungen geworfen hatte, der mich hänselte. Als ich an diesem Nachmittag von der Schule nach Hause ging, hatte ich in Erwartung von JoAnnes Beschimpfungen Magenschmerzen. Ich hatte vorher noch nie in der Schule Probleme gehabt, und ich war sicher, daß JoAnne nicht glauben würde, daß ich mich nur verteidigt hatte. Auf dem ganzen Nachhauseweg überlegte ich, ob ich vielleicht sonst noch etwas falsch gemacht hatte – vergessen, das Bügeleisen abzustellen, oder meinen leeren Teller in der Spüle stehengelassen –, irgend etwas, das sie verärgern und meine Situation verschlimmern würde.

Als ich zur Haustür hereinkam, hörte ich bereits, wie sie mit dem Geschirr herumklapperte und die Schranktüren in der Küche zuknallte. Das war meine Schuld. Ich faßte mich, ging in die Küche und legte den Brief meines Lehrers auf die Anrichte, direkt neben JoAnnes Valium- und Demerol-Sammlung.

»Was ist das?« knurrte sie, während sie den Brief aufnahm.

»Ich hab' im Bus Schwierigkeiten bekommen, weil ich Nathan mit Papier beworfen habe, nachdem er sagte, ich hätte Hühnerbeine«, antwortete ich kleinlaut.

»Hast du damit angefangen?« bellte JoAnne.

»Nein«, sagte ich.

»Dieser blöde Rektor. Dem werd' ich mal die Meinung sagen«, meinte sie.

Ich stand nur ungläubig da. Am nächsten Tag ging JoAnne zum Rektor und setzte sich für mich ein. Ich war dankbar für ihre Unterstützung, aber ich wußte, daß ich mich nicht auf sie verlassen durfte. JoAnnes Stimmungswechsel brachten mich immer wieder aus der Fassung.

Auch bei meiner zweiten Begegnung mit dem Tod zeigte sie sich von ihrer freundlichen Seite. Der Anruf kam eines Abends, als wir gerade mit dem Abendessen fertig waren; Vater war ans Telefon gegangen. Er ließ fast sofort den Hörer fallen und schluchzte in seine Hände hinein. JoAnne nahm den Hörer, und ich hörte sie sagen: »Okay, wir sind unterwegs zu euch.«

Mein Onkel Sam hatte auf der Autobahn zwischen Las Vegas und Kalifornien einen Unfall gehabt. Er war von einer Geschäftsreise nach Hause gefahren und hatte getrunken, als er den zentralen Verteiler überquerte und frontal mit einem Sattelschlepper zusammenstieß. Vater war völlig daneben, aber JoAnne nahm die Sache in die Hand. Das Stabilisieren unbeständiger Situationen war ihr größtes Talent; es waren die kleinen Krisen, die sie aus der Bahn warfen. Sie rief einen Nachbarn an, der auf uns aufpassen sollte, schnappte sich ihr Portemonnaie, und weg waren sie und Vater.

Toni weinte hysterisch, und deshalb nahm ich sie in den Arm und versuchte, sie zu beruhigen. »Onkel Sam wird wieder gesund werden, Toni. JoAnne hat diesen echt schlimmen Unfall gehabt, und es geht ihr gut«, sagte ich.

Toni stieß mich überrascht weg. »Du Dummkopf«, sagte sie, »Onkel Sam ist tot!«

Onkel Sams Beerdigung war die erste, an der ich teilnehmen durfte. Ich hatte noch nie einen Toten gesehen und war neugierig und ängstlich zugleich; ich dachte an den Augenblick, in dem wir in den Sarg kämen. Toni und ich gingen mit Onkel Sams Tochter Melanie, dem jüngsten seiner vier Kinder, in der Kirche zum Sarg vor. Als wir ihn erreicht hatten, beugte sie sich nieder und küßte ihren Vater; dann befestigte sie eine kleine Anstecknadel, ein Paar betende Hände, an seinem Revers.

Onkel Sams schwarzes Haar schimmerte, und das dicke Make-up auf seinem Gesicht wirkte künstlich. Er sah wie ein Mannequin aus, dachte ich, ohne eine Spur menschlicher Energie oder Persönlichkeit. Mir war klar, daß er nicht mehr in seinem Körper war, daß seine Seele ihn verlassen hatte. In dem Augenblick wußte ich, daß es ein Leben nach dem Tod geben muß.

JoAnnes Haß auf mich wurde mit der Zeit immer stärker. Ich erinnere mich an einen Samstagnachmittag, an dem Toni und ich fragten, ob wir den Bus zum Strand nehmen dürften. JoAnne lehnte ab; wir hätten noch zuviel Arbeiten im Haus zu erledigen, meinte sie. Als wir mit allem fertig waren, war es fast vier Uhr. Also beschlossen wir, das Beste aus unserer Lage zu machen und uns zum Sonnen in den Hof zu legen. Um diese Uhrzeit lag unser winziger Hinterhof völlig im Schatten des Wohngebäudes, und deshalb installierten wir unsere Liegestühle im Vorgarten. JoAnne, die uns durch das Schlafzimmerfenster im ersten Stock erspähte, bekam einen Wutanfall; sie raste die Treppen herunter und riß die Vordertür auf. »Du kleine Hure!« schrie sie mich an, die Augen funkelten vor Wut. »Ich weiß, was du versuchst.« Ich war verletzt und wagte nicht, sie zu fragen, was sie meinte; ich hatte Angst, sie würde es mir und der ganzen übrigen Nachbarschaft sagen. Ich hatte das Gefühl, als wäre sie stolz darauf, mich in der Öffentlichkeit herabzusetzen und

zu demütigen. Meist wußte ich gar nicht, was ich getan hatte, um ihre Wut zu provozieren.
Ich tat mein Bestes, um JoAnne aus dem Weg zu gehen, das Haus sauberzuhalten und zu kochen, aber unweigerlich tat ich etwas Falsches, und sie explodierte vor Wut.
Eines Nachmittags kam ich von der Schule nach Hause und stellte fest, daß JoAnne auf der Couch lag; ihr schwerer, gefühlloser Arm lag über ihrem Gesicht. Die Vorhänge waren zugezogen, was mir sagte, daß sie ihre Migräne haben mußte. »Mach die verdammte Tür zu«, brüllte sie. Wie immer verursachte ihr Geschrei mir Magenschmerzen, und meine Lunge krampfte sich vor Angst zusammen. Wenn ich still durchs Zimmer schlich, würde sie denken, daß ihre Schmerzen mir egal wären, aber wenn ich sie fragte, wie es ihr ging, würde dies unter Umständen eine neue Flut von Beleidigungen auslösen. Als ich sachte die Tür aufschob und noch überlegte, was ich nun tun sollte, fiel mein Blick auf Papiere, die auf dem Küchenboden verstreut waren.
Ich ging auf Zehenspitzen über den Teppich, um zu sehen, was es war. Auf dem Boden lagen all unsere Familienfotos, manche zerfetzt und zerrissen, andere angesengt. Auf jedem Foto war mein Bild beseitigt worden.
Entsetzt verschwand ich in meinem Zimmer, bis Vater nach Hause kam. Ich konnte hören, wie sie stritten.
»Menschenskind, JoAnne, welcher Teufel hat dich da geritten …«, sagte Vater leise.

»Wäre es dir lieber, ich würde den kleinen Balg umbringen?« kam JoAnnes Antwort.
Ich erfuhr nie genau, welche spezielle Untat diesen Sturm heraufbeschworen hatte. Heute vermute ich, daß JoAnnes Wutanfälle genausosehr durch ihre Probleme mit Vater und seiner Trinkerei angeheizt wurden wie durch das, was wir Mädchen taten. Aber damals schien uns, daß alles dazu geeignet war, sie aus der Fassung zu bringen.
Die Ausbrüche spornten JoAnne anschließend immer zu merkwürdigen Äußerungen der Reue an, die nie direkt erfolgten, sondern in kleinen Briefchen zu Papier gebracht wurden, die sie in unseren Zimmern hinterließ. Ich fühlte mich dann gezwungen, ihr zu verzeihen, egal, wie verletzt und ärgerlich ich wegen ihrer kränkenden Worte und Taten gewesen war. Während JoAnnes schlimmsten Wutexzesse nahm ich manchmal eine Schachtel mit ihrer Medizin und schloß mich in der Garage ein, obwohl ich es nie über mich brachte, wirklich irgendwelche Pillen zu schlucken. Dann warf ich mir vor, »kalte Füße« bekommen zu haben: Nicht nur, daß ständige Angst und Demütigung mein Leben bestimmten, ich war auch noch ein Feigling.
In diesem Sommer kamen Vaters Kinder aus erster Ehe eine Woche zu Besuch. JoAnne tolerierte sie, machte sich aber über Vater wegen all seiner Kinder und Exfrauen lustig; ich wußte, daß sie das wirklich belastete.
Als der Besuch sich zum Aufbruch anschickte, stellte

sie ihm ein Ultimatum. »Angie oder ich«, verlangte sie. »Du hast die Wahl.«
Ich wollte nicht wissen, wie Vater sich entscheiden würde, und verschaffte ihm einen Ausweg: Ich fragte meine Halbschwester Gloria, ob ich mit ihrer Familie nach Indiana kommen könnte. Sie war einverstanden, und wir fuhren zusammen dorthin; unterwegs hielten wir am Grand Canyon an. Trotzdem war die Fahrt alles andere als angenehm. Außer daß Glorias zwei kleine Söhne mich erbarmungslos hänselten, war auch Glorias Mutter, die erste Frau meines Vaters, auf der Reise mit dabei. Ich war heilfroh, als wir eine Woche später bei Sonnenaufgang in Indianapolis ankamen. Es war mir unangenehm, bei Gloria zu sein, also blieb ich auf der Couch, bis es eine annehmbare Zeit war, um Oma und Opa Carver zu wecken, die ein Stück entfernt in derselben Straße wohnten. Nachmittags kamen meine Cousinen – die vier Töchter von Mamas Zwillingsschwester –, um mich zu begrüßen, und wir schmiedeten aufgeregt Pläne über meinen Einzug bei ihnen.
Meine Tante war geschieden und arbeitete abends als Kellnerin, deshalb kamen und gingen wir Mädchen, wie es uns gefiel. JoAnne hatte mich an der kurzen Leine gehalten, denn sie hatte entsetzliche Angst, etwas Falsches zu tun, aber jetzt wurde ich überhaupt nicht mehr beaufsichtigt und war überwältigt von meiner neuen Freiheit. In einer wilden Nacht machte ich die Bekanntschaft mit Zigaretten, Alkohol und Drogen – alles auf einmal.
Den ganzen Sommer über wanderte ich zwischen mei-

nen verschiedenen Verwandten hin und her, und gegen Ende besuchte ich den Bauernhof, der der Familie meines Vaters gehörte. Meine Großmutter war in einem Altenheim, und deshalb stand das Haus seit Jahren leer. Hochgewachsene Unkräuter und Gras bedeckten die kleinen zerbrochenen Stufen, von denen aus ich mit Carrie und Chris losgetrottet war. Der Anstrich im kleinen Haus war rissig und blätterte ab, und die Moskitotür hing nur noch in einem Scharnier. Hinter dem Haus stand eine einzelne, rußgeschwärzte Zementmauer, die im hohen Gras völlig deplaziert wirkte und von gesplitterten Holzstücken umgeben war. Das war alles, was von der großen roten Scheune geblieben war, die ich noch so lebendig vor Augen hatte. Als ich auf die Ruinen starrte, wünschte ich im stillen, ich könnte einfach so wie Carrie, Onkel Sam und die Scheune verschwinden. Ich konnte einfach nicht zurückgehen und mit JoAnne zusammenleben.

Aber ich mußte zurück. Ich war nur einen Tag zu Hause, als die Spannung uns alle zu verschlingen drohte. Deshalb wurde ich eine Woche zu meiner Cousine Melanie geschickt, bis ich zu ihrem ältesten Bruder Taylor und seiner Frau ziehen konnte, die in der Nähe wohnten. Dort ging ich auch zur Schule und wurde wieder von der schwindelerregenden Freiheit mitgerissen, die genau das Gegenteil von JoAnnes erstickender Beaufsichtigung war. Mein Cousin ließ mich trinken und rauchen – er kaufte mir sogar Zigaretten – und erlaubte mir, Marihuana zu rauchen, wenn auch nur zu Hause. Nach kurzer Zeit schwänzte ich die Schule und nahm mit meinen neuen Freunden harte Drogen.

Vor den Weihnachtsferien machte ich mich eines Morgens mit einer Freundin davon, die sich etwas PCP besorgt hatte, das wir zusammen nahmen. Als wir nachmittags zur Schule zurückgingen, stand ich im Toilettenraum eine Stunde vor dem Spiegel und redete mit einer »neuen Schülerin« – meinem Spiegelbild. Als die Glocke ertönte, konnte ich den Ausgang nicht finden, und als ich ihn schließlich entdeckt hatte, ging die Tür nicht auf. Ich geriet in Panik und war felsenfest davon überzeugt, daß der Schultag zu Ende war und der Hausmeister mich eingesperrt hatte; ich begann zu schreien, bis eine andere Schülerin mich rettete. Sie zeigte mir, daß ich die Tür gedrückt hatte, wo ich sie doch nur zu ziehen brauchte!

Am nächsten Morgen sagte Taylor mir, daß ich von der Schule geflogen war und mein Vater kommen würde, um mich abzuholen. Jetzt wallten alle Gefühle, die ich mit Drogen und Alkohol verdrängt hatte, in mir auf. Ich sehnte mich so nach Vater und Toni, daß ich unbedingt nach Hause wollte. Ich vermißte sogar die Ordnung, die JoAnne meinem Leben aufgezwungen hatte, obwohl ich ihre Wutanfälle fürchtete. Aber ich war sicher, sie würde nie wollen, daß ich zurückkäme.

Als Vater kam, beichtete ich ihm die Trinkerei und die Drogen – das ganze Schlamassel, in das ich hineingeraten war. Dann begann ich zu weinen. »O Vater, wo soll ich jetzt hin?«

Er drückte mich fest an sich und nannte mich sein kleines Schätzchen. Er war nicht wütend – er sagte mir sogar, wie leid es ihm tue, daß die Dinge sich für mich so schlecht entwickelt hatten. Und er sprach die Worte, die ich am meisten hören wollte: »Ich bring' dich nach Hause«, sagte er.

15

Ich weiß nicht, was Vater mit JoAnne vereinbart hatte, aber als ich nach Hause kam, versuchte sie wirklich, mich mit Respekt zu behandeln. Es schien, als hätten wir alle uns neu verpflichtet, eine Familie zu sein, so daß Weihnachten und die ersten Monate des neuen Jahres friedlicher waren als jede andere Zeit unseres Zusammenlebens. JoAnne ging wieder zur Kirche und nahm Toni und ihre eigene Tochter Cindy mit. Ich schloß mich ihnen an, zunächst einfach nur, um mich versöhnlich zu zeigen, aber allmählich liebte ich meine Kirche wie mein zweites Zuhause. Ihre Mitglieder waren so natürlich, so lebensfroh; sie waren freundlich zu mir und akzeptierten mich. Durch sie bekam ich ein neues Vertrauen in Gott. In dieser Zeit erzählte JoAnne mir, daß sie nun wußte, warum sie ins Leben zurückgeschickt worden war. Ihr Auftrag war, mich zu Gott zu bringen. Ich wußte, daß sie recht hatte.

Und so war es ein verheerender Schlag, als JoAnne wieder zusammenbrach. Es geschah an einem wunderschönen Frühlingssonntag. JoAnne war seit ein paar Wochen nicht zur Kirche gegangen, und Toni und ich besuchten den Gottesdienst mit einer anderen Familie. Wir saßen auf einer Bank im vorderen Bereich

der Kirche, als ein Mann durch das Seitenschiff kam und mir einen Zettel gab. Ich las: »Dein Vater hat angerufen. Du sollst sofort nach Hause kommen.«
Wir kamen am Haus an, und mir wurde übel, als ich den Krankenwagen mit dem Blaulicht sah. Bitte laß Vati in Ordnung sein, betete ich. Ich stürzte nach drinnen und hörte, wie JoAnne schrie und mit den Sanitätern kämpfte. Ich stand oben auf der Treppe, als zwei kräftige Männer sie zum Krankenwagen führten. Mein Magen rebellierte, und ich rang um Atem, als JoAnne Entschuldigungen schluchzte, aber diesmal war meine Wut stärker als die Angst. Anfangs hatten ihre dramatischen Selbstmordversuche Angst und Schuldgefühle in mir ausgelöst, doch jetzt wünschte ich insgeheim, sie würde es einfach machen und hinter sich bringen. Ich haßte sie für das, wie sie uns jedesmal antat, wenn sie eine Schachtel Tabletten schluckte.
Damals lebte meine Mutter auch in Kalifornien, und ein paarmal im Jahr besuchten wir sie. Da JoAnne im Krankenhaus war, zogen Toni und ich eine Woche zu ihr. Ich kam mit meinem Koffer, meinem Kissen und einer Decke an – für den Fall, daß meine Mutter keinen richtigen Schlafplatz für uns hatte. Als ich dann in ihrer neuen Wohnung herumhüpfte – ich hatte sie noch nicht gesehen –, entdeckte ich auf ihrem Bett meine alte rote Decke. Ich hatte sie so vermißt! Ich versank in ihrer Wärme und rief meiner Mutter zu: »Kann ich mit dir die Decke tauschen?«
Mama blieb in der Tür stehen. »Was hast du gesagt?« fragte sie.

»Erinnerst du dich nicht? Das ist meine alte Decke. Ich hab' sie dir gegeben, als du nach Bear Creek gegangen bist«, sagte ich.

»Wirklich?« fragte sie.

»Ja«, erinnerte ich sie. »Ich habe gesagt, du könntest sie haben, weil ich sie nicht mehr brauchte.«

»Ich kann mich nicht mehr daran erinnern, Schätzchen, aber du kannst sie haben«, sagte sie.

Ich riß sie sofort stürmisch an mich. Ich war erleichtert bei der Feststellung, daß sie immer noch ihren tröstlichen Zauber besaß, den ich mehr brauchte denn je.

Später, als Mama fragte, wie es zu Hause ginge, beschwerte ich mich über JoAnnes Kontrolle. »Sie läßt uns nirgendwo hingehen, und sie ist die ganze Zeit sauer«, sagte ich. Als das Thema Schulnoten aufkam, beichtete ich, daß ich genauso viele Einser wie Vierer und Fünfer hatte.

»Na, du bist wirklich ein Sargnagel, Angie!« meinte Mama mit ihrer üblichen gedankenlosen Direktheit.

Ihre Worte schmerzten, auch wenn ich wußte, daß sie mich nicht verletzen wollte. Wir sahen uns zuwenig, als daß sie sich solche Vorwürfe erlauben durfte. Davon bekam ich zu Hause genug. Obwohl ich die Verbindung zwischen den beiden Themen noch nicht ganz erfaßte, wußte ich, daß meine Konzentrationsschwierigkeiten in der Schule begonnen hatten, als Mama von zu Hause weggegangen war. Wenn ich ein Sargnagel war, dann hatte sie dazu beigetragen, daß ich einer wurde, und ich vermute, sie wußte das. Wahrscheinlich spürte sie auch, daß ich mich in ihrer Welt nicht wohl fühlte. Wir waren für sie zu fremd, als daß sie hätte erkennen können, wie tief meine Probleme gingen. Als die Woche vorüber war, kehrten Toni und ich zu Vater zurück.

JoAnne unternahm noch ein paar Selbstmordversuche, und dann beschloß sie, meinen Vater zu verlassen. Sie wurden geschieden, als ich siebzehn war. Die anfallsweisen Magenschmerzen, die ich bei JoAnnes Wutanfällen immer bekommen hatte, traten auch auf, nachdem sie weg war. Eines Tages, als ich mit ein paar Freundinnen im Kino war, begann mein Magen zu brennen. Ich hatte mich an diese schmerzhaften Anfälle gewöhnt, aber dieser hier schien besonders schlimm zu werden. Nach ein paar schrecklichen Minuten flüsterte ich den anderen Mädchen zu: »Also, Leute, ich muß nach Hause, es tut mir leid.«

»Geht's dir nicht gut?« fragte die Freundin neben mir. Mir wurde schlecht, als das Feuer in meinem Magen zur Kehle hochstieg. Die erschreckte Freundin bestand darauf, mich nach Hause zu bringen. Ich konnte nur noch sagen: »Beeil dich«, während ich die Tränen zurückhielt.

Als ich zu Hause ankam, war ich in kalten Schweiß gebadet, und meine Temperatur war sprunghaft angestiegen. Vater war zu Tode erschrocken und brachte mich ins Krankenhaus.

Als die Krankenschwester erklärte, daß sie mir den Magen auspumpen würde, bekam ich panische Angst. Vater beruhigte mich und sah nervös zu, wie die Krankenschwestern mir dicke Schläuche in die Nase, die

Kehle hinunter und in den Magen schoben. Die Prozedur dauerte mehrere Stunden, und die ganze Zeit über redete Vater mir aufmunternd zu und versicherte mir, daß die Qual bald vorüber sei. Als es soweit war, war es sehr spät, und er mußte nach Hause gehen.

»Nein! Bitte laß mich nicht allein«, bettelte ich.

»Ich muß in ein paar Stunden zur Arbeit gehen, Schatz«, sagte er freundlich.

Ich hatte Angst, zu schlucken oder mich zu bewegen, und so lag ich den Rest der Nacht wach und betete leise. Am nächsten Tag wurde trotz meines hohen Fiebers die Gallenblase entfernt. »Sie hatten genug Gallensteine, um ein Haus zu bauen«, scherzte der Arzt.

Ich wurde eine Woche später entlassen, aber ich erholte mich nicht. Ich übergab mich ständig und hatte 41 Grad Fieber, und deshalb kam ich wieder ins Krankenhaus. Keine der Untersuchungen zeigte, was nicht stimmte, und mit jedem Tag wurde ich kränker und schwächer. Die Tage zogen sich zu Wochen hin. Vater hatte mir meine rote Decke gebracht, was ein enormer Trost war. Meine Mutter rief an und schickte einmal Blumen, aber sie besuchte mich nie.

Meine zweite Familie – meine Freunde und die Mitglieder meiner Kirchengemeinde – scharten sich um mich. Ihre Karten und Blumen kamen in Strömen, und während der Besuchszeiten hatte ich immer genügend Gesellschaft. Ich hatte so viele Besucher, daß die Krankenhausverwaltung schließlich in der Vorhalle eine Tafel mit meinem Namen und meiner Zimmernummer anbrachte, damit dem Personal der Ansturm der Nachfragen erspart blieb. An meinem achtzehnten Geburtstag wurde ich in die Vorhalle gerollt. Als ich durch die Doppeltüren geschoben wurde, begrüßten meine Freunde mich mit Ballons und Spruchbändern, und sie sangen ein bewegendes »Happy Birthday to you«. Was für eine wunderschöne Überraschung! Ich hatte nie gedacht, daß so viele Menschen mich mochten.

Aber mein Zustand verschlechterte sich weiter. Nachts schlief ich unruhig, und ich hatte oft wirre Träume. Ich konnte kaum gehen, und wenn, dann nur mit Hilfe. Eines Tages drückte ich den Knopf, um eine Krankenschwester zu rufen, die mich zur Toilette bringen sollte. Niemand kam, also versuchte ich die Reise allein; ich stützte meine fünfundachtzig Pfund auf den tragbaren Monitor mit der intravenösen Apparatur. Es dauerte ein paar Minuten, bis ich den Raum durchquert hatte, und dann begann die Apparatur zu piepen, das Zeichen, daß er an eine Steckdose angeschlossen werden mußte. Ich kauerte mich nieder, um den Stecker einzustecken, und war dann zu schwach, um wieder aufzustehen. Ich brachte noch nicht einmal die Kraft auf, um Hilfe zu rufen. Ich konnte nur dort sitzen und weinen, bis meine Zimmergenossin aufwachte und mich rettete.

Eine Untersuchung nach der anderen wurde durchgeführt, aber keine ergab eine klare Diagnose. Die Ärzte wußten, daß mein Leben ernsthaft in Gefahr war, und ich verzweifelte allmählich. Eines Abends, als mein Pfarrer mich besuchte, wurde sein Gesicht blaß, als er

meinen Zustand sah. Er sagte mir, daß die Gemeinde ein spezielles Fasten für mich einhielt und für mich betete. Als er ging, fühlte ich mich zumindest so getröstet, daß ich zum erstenmal seit vielen Nächten friedlich schlafen konnte.
Am nächsten Morgen hatte sich der Operationsschnitt so aufgebläht, daß es aussah, als hätte ich unter der Narbe auf meinem Bauch eine Beule. Als die Krankenschwester es sah, stürzte sie hinaus, um den Arzt zu holen, der mit einem Team von Krankenschwestern, die mit dem Operationsbesteck bewaffnet waren, hereinstürmte. Die Krankenschwestern hielten mich fest und redeten mir gut zu, als der Arzt die Nähte wieder aufschnitt. Ich hatte einen Abszeß bekommen, der meinen Körper vergiftete. Durch die erneute Öffnung des Schnitts konnte das Gift abfließen, und meine Genesung begann.
Die Ärzte meinten, ich hätte einfach Glück gehabt: Der Abszeß hatte sich so rechtzeitig gebildet, daß eine Ausbreitung der Infektion verhindert wurde; aber ich glaube, daß mehr als Glück dabei im Spiel gewesen ist. Die Liebe meiner Freundinnen und Freunde, die mich mochten und mich drängten, gesund zu werden, das Gottvertrauen der Mitglieder meiner Kirchengemeinde, die für mich beteten und fasteten – das hat mir das Leben gerettet.

6

Ein Angehöriger der Kirchengemeinde beherrschte allmählich meine Gedanken. Er hieß Richard, und vom Augenblick unseres Kennenlernens an wußte ich, daß ich die Art Mann gefunden hatte, die ich heiraten wollte – willensstark, entschlossen und fähig. Wie ich hatte Richard eine schwierige Kindheit gehabt. Seine Eltern hatten sich scheiden lassen, als er neun Jahre alt war, und seine Mutter hatte ihre Kinder allein großgezogen. Die Familie war mittellos. Richard erinnert sich, daß an manchen Tagen seine einzige Mahlzeit die Gratisspeisung in der Schule war und die anderen Schüler sich über ihn lustig machten, weil er arm war und keinen Vater hatte. Und wie ich hatte er gelernt, mit seinen familiären Problemen fertig zu werden, indem er sich an Gott wandte.
Dank seiner Intelligenz und seiner Zielstrebigkeit war er aufs College gekommen, und obwohl mich das stolz machte, konnte ich mir ein Leben ohne ihn nicht vorstellen. Also stieg ich in einen Greyhound-Bus, um ihn in den Rockies zu besuchen. Es war unsere erste echte Verabredung. Bei meinem zweiten Besuch gab er mir einen Verlobungsring, den sein bester Freund in Handarbeit gefertigt hatte. Er war ein bißchen krumm und schief, aber ich schätzte ihn. Wir waren so hoff-

nungslos und überschwenglich verliebt, daß ich Kalifornien verließ und ein Zimmer gegenüber seiner Wohnung mietete, um ihn jeden Tag sehen zu können. Vier Monate später waren wir verheiratet.
Richard hatte einen Job als Forschungsassistent für die Uni bekommen. Mit der sicheren Aussicht auf zukünftige Gehaltsschecks konnten wir unsere mageren Ersparnisse für den Kauf eines kleinen Datsun benutzen, den Richards Bruder verkaufte. Am Wochenende vor Richards geplantem Arbeitsantritt fuhren wir zu einer ausgedehnten Probefahrt und einem Besuch meiner Familie mit dem Auto nach Südkalifornien. Wir fuhren die ganze Nacht und hielten nur zum Tanken an. Müde, aber zu aufgeregt zum Schlafen kamen wir an und beschlossen, uns ein paar Stunden am Strand zu erholen. Wir plazierten unsere Handtücher an einer hübschen Stelle, und Richard legte den Autoschlüssel in eine kleine Tasche in seiner Badehose. Den größten Teil des Nachmittags verbrachten wir damit, in der Brandung zu baden und in der Sonne zu schlafen; wir genossen unsere ersten Miniferien als Paar. Als die Sonne schwächer wurde, packten wir zusammen, um zu Vaters Haus zu fahren. Richard griff in seine Tasche und wollte den Autoschlüssel vorziehen. »O nein!« rief er. »Er ist weg!«
»Machst du Scherze?« sagte ich.
»Nein, ich mach' keine Scherze!« schrie er. »Wie soll ich Montag zu meiner Arbeitsstelle kommen?«
Unser ganzes Geld – vierzig Dollar – war im Auto eingeschlossen.

»Beruhige dich«, sagte ich. »Wir finden ihn schon.« Ich begann, den Sand durch meine Finger gleiten zu lassen.

Wir suchten den Strand ab, bis Richard sich frustriert in den Sand fallen ließ. »Es ist sinnlos«, meinte er wütend.

Es zeigt, wie zentral die Religion damals in unserem Leben war, denn an diesem Punkt schlug ich vor: »Richard, laß uns beten.«

»O ja«, sagte er, »und der Schlüssel taucht wie durch ein Wunder wieder auf.«

»Los, versuchen wir es einfach.«

Wir knieten uns auf den verlassenen Strand und baten Gott leise, uns so rechtzeitig nach Hause zurückkehren zu lassen, daß Richard seine neue Arbeitsstelle antreten konnte. Aber der Schlüssel tauchte nicht auf. Es geschah kein Wunder.

Am Strand war eine Bude, bei der man Sachen ausleihen konnte und in der ein galgengesichtig aussehender Teenager uns das Telefon benutzen ließ; ich rief meinen Vater und jeden Freund an, der mir einfiel. Niemand war zu Hause. Schließlich rief ich einen Schlosser an, der nur kommen wollte, wenn wir ihm 76 Dollar in bar bezahlen würden. Die Sonne ging jetzt unter, und der Junge, der die Bude betrieb, wollte zumachen. Wir erklärten ihm unser Dilemma und baten ihn, noch ein bißchen länger offenzulassen, bis uns etwas eingefallen wäre. Er dachte ein oder zwei Minuten nach und sagte dann: »Hört zu, ich hab' ein bißchen Geld. Ich wollte es eigentlich ausgeben, um mich heute abend zu bekiffen, aber ihr seid wirklich in der Klemme. Also nehmt es, und schickt mir einen Scheck, wenn ihr wieder am College seid.«

Sein Vertrauen rührte uns. »Siehst du«, flüsterte ich Richard zu, »das war das Wunder.« Wir nahmen das Angebot dankbar an, und natürlich hielten wir unser Versprechen, das Geld zurückzuzahlen.

Nicht lange nach dem »Wunder« am Strand heirateten Richard und ich. Ich war so aufgeregt, ein eigenes Leben zu beginnen. Ich hatte von dem Tag geträumt, an dem ich meine eigene Familie haben würde, mein eigenes Zuhause und meine eigenen Kinder, die ich lieben konnte; und insbesondere einen Mann, der mich ebenfalls lieben würde. Am Anfang füllte Richards Liebe mich völlig aus und verdrängte alle Ängste und Befürchtungen. Die anderen Dinge, die mich aufrechterhalten hatten – meine Freunde, meine Kirchengemeinde, der Trost der Religion –, schienen wie ein blasser und unwirksamer Ersatz für die Sicherheit der Ehe. Ich dachte, Richard wäre alles, was ich brauchte.

Das heißt nicht, daß ich wußte, wie man eine Ehefrau ist. Wir waren beide noch Kinder und hatten keine Ahnung, wie wir mit dem Druck umgehen sollten, zwei Leben zu verschmelzen. Dies wurde an dem Abend klar, an dem wir in unsere erste Wohnung zogen. Beim Auspacken stieß Richard auf einen Stapel meiner unbezahlten Rechnungen. »Was ist das?« fragte er.

»Na ja«, sagte ich, »das ist meine alte Telefonrechnung, und das ...«
»Wie konntest du nur Rechnungen auflaufen lassen und sie nicht bezahlen!« unterbrach Richard.
»Ich wollte sie doch bezahlen. Ich hab's einfach vergessen«, antwortete ich ein bißchen einfältig.
»Gut, gut. Ich werde sie bezahlen«, meinte er leicht angewidert.
Und so etablierte sich in unserem Leben ein Verhaltensmuster. Ich machte Fehler, und Richard brachte sie in Ordnung, aber nicht ohne eine Strafpredigt.
Wir waren erst ein paar Monate verheiratet, als Richards Tante Francine sich an ihn wandte, weil sie uns ihren zehnjährigen Sohn schicken wollte. Sie hatte Eheprobleme, und Richard hatte Jimmy immer nahegestanden. Wir diskutierten die Sache noch, als ich eines Nachmittags, Richard war an der Uni, einen Anruf bekam. Es war eine Frau mit einem starken Südstaatenakzent; mir war klar, daß sie meine Schwiegermutter sein mußte. In Richards Familie hatten alle einen so starken Akzent, daß ich sie nie verstand.
»Sind wir schon auf den Besuch eingestellt?« sagte die Stimme in unverständlichem Dialekt.
»Es tut mir leid, aber könntest du das noch einmal sagen?« fragte ich ein bißchen verlegen.
Sie wiederholte die Frage, ohne daß ich sie diesmal verstand. Ich konnte sie unmöglich bitten, die Frage ein weiteres Mal zu wiederholen, und deshalb sagte ich nur: »Hmm, in Ordnung.« Zwei Wochen später stand Jimmy vor der Tür.

Ich nehme an, es wird mir verziehen, daß ich ihn nicht mochte. Da war ich, die noch nicht einmal zwei Monate Verheiratete, die gerade begonnen hatte, sich mit ihrem Mann ein eigenes Leben aufzubauen, und schon wird ihre Privatsphäre völlig zerstört. Jimmy und ich gerieten heftig aneinander. Aber schlimmer als der Verlust der Privatsphäre war die Spannung, die unser neues Zuhause erfüllte, weil Jimmy mich ständig auf die Probe stellte. Ich hatte das Gefühl, als würde er absichtlich alles falsch machen, damit ich wütend wurde, und ich war eifersüchtig auf seine Verbindung mit Richard. Der saß zwischen den streitenden Parteien in der Zwickmühle, zog sich zurück und blieb zuweilen in der Bibliothek, um meinen Beschwerden über Jimmy zu entkommen – was für ein Chaos er im Haus veranstaltet oder wie sehr er mich durch seine vorwitzigen Bemerkungen gegenüber Nachbarn in Verlegenheit gebracht hatte. Richards Rückzug ärgerte Jimmy genauso wie mich, und unsere Zusammenstöße wurden häufiger und heftiger. Ich haßte das Gefühl, von Richard im Stich gelassen zu werden; ich haßte die ständige Unruhe; und vor allem haßte ich die Erkenntnis, daß ich wie JoAnne klang.

Jimmy blieb anderthalb Jahre bei uns. Als er wieder zu seiner Mutter zog, erschien JoAnnes Verhalten mir in einem ganz neuen Licht. Sie hatte mir sechs Jahre lang das Leben zur Hölle gemacht, aber jetzt sah ich, wieviel sie für mich aufgegeben und was sie mir beizubringen versucht hatte. Ich war dankbar für das enorme Geschenk, das sie mir gemacht hatte, meine erneute Hinführung zu Gott. Trotzdem erschreckte es mich, soviel Wut in mir zu entdecken, und ich hatte schreckliche Angst, meine Reaktionen würden beweisen, daß ich genauso krank war wie sie.

Meine Ängste ließen etwas nach, als mein Sohn Alex geboren wurde. In seiner Betreuung fand ich die Geduld und die Liebe, die mir im Umgang mit Jimmy versagt geblieben waren. Ich war vielleicht nicht die perfekte Hausfrau oder Stiefmutter, aber als ich meinen Sohn zum erstenmal in den Armen hielt, schwor ich mir, für ihn alles zu sein, was er vielleicht brauchen könnte. Und ich war es, zumindest eine Zeitlang.

Durch Jimmys Abreise waren die Risse, die in unserer Ehe entstanden waren, nicht wie durch ein Wunder verschwunden. Das Geld blieb ein Problem, besonders wenn die Gebühren fürs College gezahlt werden mußten. Ich trug zu unserem Lebensunterhalt bei, indem ich kellnerte, babysittete und nähte – ich war eine perfekte Näherin und hatte mir sogar einen kleinen Kundenkreis geschaffen. Als Alex geboren wurde, bekam ich einen Job als Telefonakquisiteurin und arbeitete zu Hause, so daß ich ihn versorgen konnte. Ich wurde zur Meisterin darin, ihn zu füttern und sogar seine Windeln zu wechseln, während ich telefonierte.

Alex war während der letzten Examenswoche von Richards letztem Semester am College geboren worden. Trotzdem schloß Richard sein Psychologiestudium mit Auszeichnung ab. Während des letzten Drucks vor der Graduierung, als er schon nach einem Job suchte, war ich für unsere finanziellen Angelegenheiten verantwortlich. Wenn es wirklich eng wurde, ließ ich im Laden um die Ecke anschreiben oder stellte Schecks aus, um über die Runden zu kommen.

Eines Tages ertappte Richard mich bei meinen Tricks, das Geld zu strecken. Alex hatte durch seine Stoffwindeln, die ich von Hand wusch, weil ich nicht das Geld für den Waschsalon hatte, einen hartnäckigen Ausschlag, und deshalb kaufte ich mit einem ungedeckten Scheck ein paar Wegwerfwindeln. Ich hatte vor, das Geld für den Scheck in ein oder zwei Tagen aufs Konto einzuzahlen, wenn ich meinen Lohn bekam, obwohl ich wußte, daß es Richard nicht gefallen würde, wie ich seine Kreditwürdigkeit überstrapazierte.

Unglücklicherweise nahm Richard die Post entgegen, die die Nachricht von dem geplatzten Scheck brachte. Er war wütend: »Du hast nicht nur einen Scheck platzen lassen, ich muß auch noch zehn Dollar Gebühr zahlen«, schrie er. »Wie konntest du etwas so Verantwortungsloses tun?«

»Verantwortungslos! Ich bin die, die Arbeit hat«, protestierte ich.

»Ja, ja«, sagte er. »Wenn wir von der Art Job leben könnten, die du bekommst, hätte ich noch heute nachmittag zehn Stellenangebote zur Auswahl.«

»He, zumindest bringe ich Geld nach Hause.«

Richard, der mit dem Brief von der Bank vor meiner Nase herumfuchtelte, klatschte ihn mir gegen die Stirn.

»Aber du kommst nicht mit unserem Einkommen zu Rande«, konterte er. »Ich bin nicht dein Papi. Es ist nicht meine Aufgabe, dir ständig aus der Patsche zu helfen.«

»Wenn ich die letzten drei Jahre nicht damit vergeudet hätte, dich durchs College zu schleppen, dein blödes Haus sauberzumachen und das Baby zu versorgen …«

Richard unterbrach: »Mich durchs College zu schleppen? Bis vor sechs Monaten hatte ich zwei Jobs und volle Stundenzahl am College. Und wer hat dich daran gehindert, zum College zu gehen? Es ist nicht meine Schuld, daß du an der High-School Vierer und Fünfer hattest. Du scheinst dein intellektuelles Potential hier zu realisieren, Fräulein Telefonmarketingexpertin, und wenn du nicht ins Gefängnis wanderst, weil du ungedeckte Schecks ausstellst, hast du ziemlich schnell deine Grenzen erreicht, Baby.«

Ich brach in Tränen aus und stürmte aus dem Zimmer. Wie konnte Richard andeuten, daß ich dumm wäre und versagt hätte? Immer noch schluchzend, zog ich einen Koffer aus dem Schlafzimmerschrank, warf ihn aufs Bett und begann, meine Kleider hineinzuschaufeln.

Richard folgte mir. »Was machst du?« fragte er.

»Ich will dir nicht zur Last fallen«, sagte ich mit vor Wut zusammengebissenen Zähnen.

»Oh, dann gehst du also jetzt. Das sieht dir ähnlich, dir und deiner Mutter. Ihr laßt immer jemand anders die Suppe auslöffeln«, sagte Richard.

Ich war jetzt total wütend und nahm kein Blatt mehr vor den Mund. »Wenigstens hat meine Mutter keinen Trottel geheiratet, so wie ich!« schrie ich zurück. »Zu

deiner Information, der Scheck war für die Windeln. Alex brauchte Windeln. Wenn du mehr Zeit damit verbringen würdest, Windeln zu wechseln, und weniger Zeit damit fernzusehen, würdest du das wissen.«
Ich packte seine Videokassette vom *Krieg der Sterne.* »Diese Kassette kostet wahrscheinlich mehr als die Packung Windeln. Aber ich nehme an, du mußtest sie haben.« Immer noch weinend, zerbrach ich die Schutzhülle und zog an dem Band, bis es riß. »Hier! Das halte ich von dir und deinem Video und deinem Collegeabschluß!« Ich schleuderte die Kassette in den Kamin, in dem ein schwaches Feuer schwelte.
Richard starrte mich eisig an. Dann packte er ein paar Shorts, die ich mir gemacht hatte. »Wenn du es so willst, na schön«, sagte er und schleuderte meine Shorts in den Kamin.
Ich rettete meine Shorts, aber sie brannten schon. Ich trampelte auf ihnen herum, um die Flammen zu ersticken, aber es war zu spät. Sie waren hinüber.
»Wie konntest du das tun, Richard?« schluchzte ich.
»Du hast recht. Ich halte es für unproduktiv, wenn wir unsere eigenen Sachen kaputtmachen, du nicht«, sagte er.
»Ich hasse dich!« schrie ich wütend und stürzte ins Wohnzimmer, wo ich die winzigen Holzschuhe packte, mit denen ich als Kind im Haus herumgestapft war, bis meine kleinen Füße nicht mehr in sie hineinpaßten. Sie waren das einzige Überbleibsel des Glücks aus meiner Kindheit. »Wenn du mich unbedingt verletzen willst, kann ich dir helfen.« Ich warf die kleinen

Schuhe in die Flammen. Ich zwang mich, sie brennen zu sehen, und Bedauern ergriff mich, aber als ich Richards Gesicht sah, empfand ich einen Funken Genugtuung. Jetzt mußte er mich ernst nehmen. Jetzt mußte er wissen, wie unglücklich ich war …

Tatsächlich sah er so aus, als hätte das, was ich getan hatte, ihn wirklich schockiert. Dann begann er verächtlich zu lachen. »Du bist verrückt«, sagte er.

»Du bist verrückt!« schrie ich zurück.

»Nein, wirklich, ich glaube, du gehörst in die Irrenanstalt. Man dürfte dir nicht erlauben, frei herumzulaufen«, sagte er.

»Ich hasse dich!« heulte ich, während ich unsere eingerahmte Hochzeitsurkunde von der Wand riß. Richard, der meine Absicht durchschaute, sprang vor und versuchte, mich am Handgelenk zu fassen. »O nein, das tust du nicht«, sagte er, aber es war zu spät. Ich warf sie ins Feuer. Als sie brannte, wurde Richard feierlich. »Was stimmt mit dir nicht?« fragte er.

»Ich weiß es nicht. Es tut mir leid.« Ich weinte. Ich war verärgert wegen meiner Zerstörungswut, und seine Anteilnahme rührte mich.

»Mir tut es auch leid. Mach dir keine Sorgen wegen dem Scheck. Das kriegen wir schon hin.«

Aber der Scheck war die geringste meiner Sorgen. Ich war entsetzt über das Monster, das ich wurde.

7

Nach seinem Collegabschluß nahm Richard eine Stelle bei der Luftwaffe an. Zum erstenmal in unserer Ehe nahm der finanzielle Druck ab. Aber das Leben beim Militär brachte für mich neue Ängste, denn Richards Zukunft hing zum Großteil von mir ab. Ich hatte meinen Platz in der Hackordnung der Frauen auf dem Fliegerhorst einzunehmen, mich bei den Gattinnen der Vorgesetzten einzuschmeicheln und mich jederzeit festliegenden Maßstäben für weibliches Verhalten perfekt anzupassen – kurz gesagt, ich mußte mich einfügen. Offiziersfrauen, die die Anforderungen nicht erfüllen konnten oder wollten, brachten ihre Männer um die Beförderung. Ich hatte das Gefühl, als wären Richard und ich vierundzwanzig Stunden am Tag im Dienst.

Unsere erste Stelle führte uns nach Florida; Richard verbrachte den ganzen Tag auf dem Fliegerhorst, während Alex und ich an dem wunderschönen Strand hinter unserem Haus in der Sonne lagen. Ich wachte bei einer tropischen Brise und dem Geräusch von gegen den Strand klatschenden Wellen auf. Mein Leben schien idyllisch, aber ich tat mich schwer mit der Doppelbelastung, die meine Mutterschaft und meine neuen gesellschaftlichen Verpflichtungen mit sich brachten. Ich wurde auch von dunklen Erinnerungen gequält, die sich allmählich ihren Weg an die Oberfläche bahnten, Erinnerungen an sexuellen Mißbrauch und die von ihm ausgelösten Gefühle des Ekels vor mir selbst. Die zwanghaften Gedanken und die Phasen JoAnne-ähnlicher Wutausbrüche vermittelten mir das Gefühl, verrückt zu werden. Das, was ich allmählich den »Zyklus« nannte, begann.

Eines Nachmittags kam Richard vom Fliegerhorst nach Hause und sagte: »Ich habe eine hübsche kleine Kirche entdeckt, unten an der Straße. Ich glaube, wir sollten mal hingehen.«

Spirituelle Dinge waren inzwischen so weit weg von mir, daß ich die Kirche oder Gott kaum erwähnen konnte, ohne Schuldgefühle zu haben. Ich hatte seit mehreren Jahren nicht mehr richtig gebetet. Also änderte ich das Thema, aber ein paar Tage später brachte Richard es wieder zur Sprache.

»Los, Angie«, sagte er. »Du warst schon ewig nicht mehr in der Kirche.«

»Na schön«, sagte ich und dachte, bis Sonntag würde mir schon eine Entschuldigung einfallen. Aber als ich am Sonntag wach wurde, hatte Richard bereits seinen Anzug an und Alex ausgehfein gemacht. Offenbar würde er sich nicht mit irgendeiner Ausrede abspeisen lassen.

Der Gottesdienst trieb meine Verwirrung auf die Spitze. Er war unerträglich, denn für mich schien sonnenklar, daß ich nicht mehr hierher und zu diesen Leuten gehörte – vielleicht nie gehört hatte. In meinem Kopf schwirrten die verbitterten Gedanken herum, die mich jetzt ständig plagten. Warum hat Gott zugelassen, daß mir etwas so Schreckliches passiert? Ich muß diese Dinge ausgelöst haben. Ich bin ein nutzloser Mensch, eine schreckliche Ehefrau, eine Mutter, die ihrem zweijährigen Sohn nicht gewachsen ist. Panik stieg in mir auf, mir war schlecht, und das Gefühl der Verunreinigung, das ich auch in jüngeren Jahren, zur Zeit meiner Eßstörungen, gehabt hatte, überschwemmte mich.

Richard schien meine Not nicht zu bemerken. Auf dem Rückweg fragte er: »Na, wie hat's dir gefallen?«

Ich antwortete nicht. Ich sah schon, wie die Rädchen in seinem Kopf arbeiteten. Dieser Kirchenbesuch würde keine einmalige Angelegenheit bleiben. Er plante bereits ein ganzes Programm. Ich würde sein nächstes Projekt sein – ich mußte bekehrt, erlöst werden. Ich kannte Richard gut genug, um zu wissen, daß er nicht aufgeben würde. Er würde die subtile psychische Schraube anziehen, bis er seinen Willen bekam oder ich wahnsinnig geworden war.

Tatsächlich fragte er: »Willst du nächste Woche wieder hingehen?«

Ich hatte das Gefühl, schreien zu müssen. Warum sah Richard nicht, zu was ich geworden war, daß ich nie gewesen war, was ich vorgegeben hatte? Am liebsten wäre ich aus dem Auto gesprungen. Ich war so offensichtlich aus der Reichweite Gottes heraus, daß auch noch so viele Kirchenbesuche mir nicht helfen würden.

Plötzlich wußte ich, was ich zu tun hatte. »Ich will gehen«, sagte ich. Aber ich meinte nicht »in die Kirche gehen«. Ich meinte »weggehen«.
Als Richard am nächsten Tag das Haus verlassen hatte, um zur Arbeit zu gehen, packte ich alles zusammen, was ins Auto paßte. Was ich nicht unterbringen konnte, ließ ich in der Wohnung verstreut liegen. Für Richard deponierte ich einen Zettel auf dem Tisch, auf dem nur das Nötigste stand: »Ich gehe. Es muß nicht für immer sein. Es ist nicht alles Deine Schuld ...«
Dann packte ich Alex in seinen Kindersitz. Vielleicht lief ich genauso weg wie meine Mutter, aber meinen Sohn ließ ich nicht im Stich.
Ich landete in Nordkalifornien, wo ich nachts als Kellnerin arbeitete, damit ich zu Hause sein konnte, wenn Alex wach war. Richard rief fast jeden Tag an und flehte mich an zurückzukommen. Er würde nach Tacoma, Washington, versetzt werden und wollte, daß ich mitging. Er hatte mir ein paar wunderschöne, teure Perlenohrringe geschickt, die er sich, wie ich wußte, nicht leisten konnte. Aber ich weigerte mich, überreden zu werden. Ich hatte ein völlig neues Leben; ich ging ab und zu mit Freunden auf einen Drink aus, wenn meine Schicht zu Ende war, und stellte fest, daß mir das Vergessen gefiel, das der Alkohol bringen konnte, und die Gesellschaft von Leuten, die genausowenig von mir erwarteten, wie ich von ihnen bekommen würde ... Ich war frei von der erstickenden Ehe. Ich war entkommen.
Dann wurde ich eines Morgens mit wahnsinnigen

Kopfschmerzen und ohne einen Funken Erinnerung an die Ereignisse der vergangenen Nacht wach. Und ich erkannte, daß meine Träume mich immer noch verfolgten und mein sorgloses Leben in Kalifornien mein Gefühl der Wertlosigkeit nur verstärkte. Ich schadete meinem Körper, und, schlimmer, ich bestrafte meinen unschuldigen Sohn für meine Qualen, indem ich ihm den Vater nahm. Und ich tat Richard weh, indem ich ihn von Alex fernhielt. Nichts von dem, was ich tat, hatte Hand und Fuß.

Und ich machte mich auf nach Tacoma und dem neuen Zuhause, das ich nie gesehen hatte, und hoffte, meiner Ehe eine zweite Chance geben zu können.

8

Richard war immer freundlich und zärtlich mit Alex gewesen, und jetzt war er auch freundlich zu mir. Sein Gesichtsausdruck veränderte sich noch nicht einmal beim Anblick des Stapels unbezahlter Rechnungen, die ich aus Kalifornien mitbrachte. Er war glücklich, daß ich endlich zu Hause war, und ich war es auch. Lange Zeit drehten sich unsere einzigen Streitigkeiten um meine Familie. Richard war immer noch böse auf meine Mutter und Toni, denn er vermutete, daß sie mich ermutigt hatten, ihn zu verlassen. Um gerecht zu sein, muß ich zugeben, daß meine Familie wenig tat, um die Kluft zwischen uns zu überbrücken.

Die schlechte Stimmung war fast mit Händen greifbar, als wir meine Mutter in Kalifornien besuchten. Toni und ihr Freund kamen ebenfalls in Mamas Haus, damit wir alle zusammen zum Abendessen fahren konnten. Alex war müde und hungrig, und auf unserem Weg durch ein unmögliches Verkehrsgewühl bekam er einen Wutanfall. Wir baten meine Mutter, an irgendeinem Restaurant anzuhalten, das gerade an der Straße lag, aber sie bestand darauf, uns zu ihrem Lieblingsrestaurant zu bringen; sie versicherte uns, das Warten würde sich lohnen. Die ganze Woche über hatte sie gesehen, daß ich Alex jeden Wunsch erfüllte, und deshalb nahm sie seinen Ausbruch nicht ernst. Auch als mit Alex überhaupt nichts mehr anzufangen war, meinte sie, wir sollten doch gerade noch ein paar Minuten warten. Es kam mir so vor, als würde sie sagen: »Diesmal bezahle ich, und deshalb machen wir, was ich will.«

Schließlich kamen wir an und bestellten, aber Alex machte immer noch Theater, was mehrere gestylte Paare um uns herum dazu veranlaßte, uns anzustarren und sich zu beschweren. Richard meinte: »Warum geht ihr nicht mit ihm spazieren?«

Ich ergriff sofort diese Gelegenheit, der Spannung zu entkommen. Wenn alles gut lief, tolerierten Richard und meine Mutter sich meinetwegen, aber dieses Abendessen wurde allmählich unerträglich.

Sobald wir draußen waren, beruhigte Alex sich. Ich ging mit ihm um den Block, bis meine Familie aus dem Restaurant herausmarschierte. »Und, wie war das Essen?« fragte ich Richard, sobald ich ihn allein sprechen konnte.

»Na ja, deine Mutter hat die Gelegenheit genutzt, um mir zu sagen, wie man Kinder richtig erzieht.«

»Hm. Und waren es gute Ratschläge?«

»Sie waren vor allem laut.«

»Wie laut?«

»Ziemlich laut, und mit einigen Obszönitäten gespickt.«

»Wirklich?«

»Ja. Deine Mutter hat mir und dem Rest des Lokals

erklärt, daß wir Alex' Launen nachgeben. Dann sagte sie, wir würden mit unseren unvernünftig hohen Erwartungen zuviel Druck auf ihn ausüben.«

»Das verstehe ich nicht. Meinst du, wir würden von Alex zu viel erwarten?«

»Ich denke, daß deine Mutter ziemlich high war.«

»Ich denke nicht, daß sie high war. Ich glaube, sie war ein bißchen betrunken.«

»Angie, bitte verteidige sie nicht. Nur zur Klarstellung glaube ich, daß sie beides war, aber darum geht es nicht. Meine Angriffe haben ihre Meinung nicht verändert – sie haben ihr lediglich eine passende Entschuldigung verschafft, um alles auszusprechen, was sie dachte.«

»Kannst du ihr verdenken, daß sie dich kritisiert? Sie weiß, daß du sie haßt.«

»Das nehm' ich dir nicht ab.«

»Was nimmst du mir nicht ab? Du haßt sie doch.«

»Ich nehm' dir deine ganze Beweisführung nicht ab. Ich verwerfe deine gesamte Prämisse. Ich hasse deine Mutter nicht, aber selbst wenn ich es täte, würde ihr das nicht das Recht geben, uns lautstark in der Öffentlichkeit zu kritisieren. Wenn ich sie nicht mag, hat sie vielleicht *Lust,* so etwas zu tun, aber es gibt ihr nicht das *Recht* dazu!«

»Aber wenn sie ...«

»Also bitte, jetzt reicht's aber. Jetzt reicht's aber wirklich. Es ist schon schlimm genug, einen Erziehungsratschlag von dem Menschen aufgedrückt zu bekommen, der sehr wahrscheinlich der allerschlimmste Elternteil auf der ganzen Welt ist. Da brauch' ich nicht noch zu hören, daß sein größtes Opfer ihn verteidigt.«

»Ich bin nicht ihr Opfer.«

Jetzt war Richard fuchsteufelswild. »Du siehst dich in jeder Situation als Opfer, nur nicht in dieser, in der du wirklich ein Opfer bist. Du hast zugelassen, daß dein ganzes Weltbild, dein ganzes Selbstbild von deinen Eltern beeinflußt wurde – und das siehst du nicht.«

»Was meinst du damit?«

»Ich meine damit, daß ich das Gefühl habe, ich müsse für die Fehler deiner Mutter bezahlen. Du scheinst überhaupt nicht in der Lage zu sein, die Verantwortung für das zu übernehmen, was du tust. Sie hat dir das beigebracht, durch ihr Weggehen. Wenn dir nicht gefällt, was ich sage, oder dir etwas zu schwierig ist, ziehst du dich zurück oder findest eine andere Fluchtmöglichkeit. Wenn wir eine hitzige Diskussion haben, während wir irgendwohin fahren, muß ich Angst haben, daß du an der nächsten roten Ampel aus dem Auto springst. Das ist nicht normal. Jeder unsympathische Zug deiner Mutter, den ich in dir gespiegelt sehe, erschreckt mich zu Tode. Meinst du wirklich, sie ... sie wäre irgendwie ein Vorbild für dich? Machst du das weiter, was du bei ihr gesehen hast?«

»Du weißt nicht, wie sehr es mich verletzt, wenn du so hart über mich und meine Familie sprichst.«

»Alex und ich sind auch deine Familie. Wenn du dich labil verhältst, so, als wären wir nicht wichtig, als wäre nichts wichtig; wenn du tust, als würdest du uns verlassen, wenn es schwierig wird – dann bezahlen wir.« So plötzlich, wie seine Tirade begonnen hatte, hielt Richard inne. »Na, ich bin zu weit gegangen, oder? Es tut mir leid, wie ich das gesagt habe.«

Ich schwieg.

»Warte wenigstens, bis ich nur noch neunzig fahre, bevor du diesmal aus dem Auto springst.«

Für den Rest der Fahrt starrte ich einfach nur aus dem Fenster. Die Möglichkeit, daß er recht haben könnte, war zu schwer zu verarbeiten.

9

Jetzt, da Alex fast zwei Jahre alt war, dachte ich daran, ein weiteres Baby zu bekommen. Toni war während meiner Kindheit mein Rettungsanker gewesen, und ich wollte, daß Alex dieselbe Sicherheit bekam. Es hatte mir gefallen, mit Alex schwanger zu sein, und ich sehnte mich wieder nach diesem Glück. Ich dachte auch, ein weiteres Kind würde meine Verbindung zu Richard stärken.

Also versuchten wir es, aber ich wurde nicht schwanger. Ich hatte Alex fast in der Minute empfangen, in der wir ihn planten, aber jetzt brachte jeder Monat eine Enttäuschung. Als das Jahr sich dahinzog, wurde der Waffenstillstand, den ich mit Richard geschlossen hatte, brüchig und hart auf die Probe gestellt. Wir begannen wieder, aneinander herumzunörgeln. Schließlich wurde meine Sehnsucht nach einem Baby so stark, daß ich zum erstenmal seit Jahren auf die Knie ging und Gott anflehte, mir ein Baby zu schicken. Neuneinhalb Monate später wurde Jacob geboren.

Die Geburt von Alex hatte mich mit Frieden erfüllt, aber die von Jacob stürzte mich in eine Depression. Ich hatte Schuldgefühle, weil ich ein Kind in eine so instabile Ehe brachte, und Angst, mit der Belastung durch das neue Baby nicht fertig zu werden. Eine

Zeitlang stritten Richard und ich erbittert, aber noch beängstigender wurde es, als unsere Auseinandersetzungen einem wütenden Schweigen Platz machten. Über lange Phasen hinweg weigerten wir uns, miteinander zu reden, wenn es nicht absolut notwendig war. Eine Scheidung schien unvermeidlich, aber ich war entschlossen, nicht aufzugeben und Richard zu beweisen, daß ich nicht meine Mutter war. Auch wenn wir nicht mehr miteinander sprachen, versorgte ich die Kinder und das Haus, bügelte Richards Uniformen und packte ihm das Lunchpaket, das er jeden Tag zur Arbeit mitnahm. Eine Zeitlang schrieb ich sogar kleine Liebesbriefchen und versteckte sie in dem Paket oder seiner Aktentasche.

Ich unternahm einen halbherzigen Versuch, mit den Jungen zur Kirche zu gehen. Richard war nicht mehr an Gottesdienstbesuchen interessiert, denn das hätte bedeutet, daß er an mir und unserer Ehe festhielt. Ich argwöhnte, daß ich selbst nur hinging, um zu demonstrieren, was für eine gute Ehefrau ich war. Spirituell hatte ich immer noch das Gefühl, von Gott völlig abgeschnitten zu sein.

Dann sah ich eines Tages, als Jacob vier Monate alt war, im Fernsehen einen Bericht, der all meine alten Qualen wieder ans Tageslicht beförderte. Ein Kind hatte eine Entführung und die brutalste sexuelle Verstümmelung überlebt, von der ich je gehört hatte. Von Schmerz und Wut über meinen eigenen sexuellen Mißbrauch getrieben, rief ich den Fernsehsender an und erfuhr, daß gerade eine Bürgerinitiative entstand,

die eine Änderung der Gesetze für gewalttätige Sexualstraftäter anstrebte. Ich engagierte mich schnell völlig für die Sache.
Richard war nicht damit einverstanden, daß ich stundenlang Proteste organisierte und besuchte, aber ihm war klar, daß mir seine Meinung egal war. Ein Jahr arbeitete ich in der Gruppe; ich nahm meinen Kleinen und den Dreijährigen mit oder ließ sie gelegentlich bei einem Babysitter. Ich war stolz auf meine rechtschaffene Arbeit, aber ich war nicht auf den Tribut vorbereitet, den sie von mir fordern würde. Die Geschichten anderer sexuell mißbrauchter Menschen legten meine eigenen Wunden offen. Ich war wieder von Gedanken an den Mißbrauch besessen und grub neue, schreckliche Erinnerungen aus, die zu gewaltig und zu schmerzhaft waren, als daß ich sie hätte verarbeiten können. Ich hatte nicht die Kraft, mich gegen sie zu verteidigen. Ich begann, tagsüber zu schlafen und nachts zu weinen. Ich begann wieder zu trinken. Ich wußte, daß ich Hilfe brauchte, aber ich wußte nicht, an wen ich mich wenden sollte.
Schließlich ging ich zu meinem Pfarrer, der ein freundlicher, verständnisvoller Mann war. Etwas in mir riet mir, ihm zu vertrauen, auch wenn ich dachte, meine Probleme wären meilenweit von ihm entfernt. Ich vertraute ihm an, daß Richard und ich kaum noch miteinander sprachen, daß wir uns so auseinandergelebt hatten, daß ich fürchtete, meine Ehe sei nicht mehr zu retten. Er sah mich gespannt an und sagte dann: »Sie stecken keine Briefchen mehr in Richards

Lunchpakete.« Ich war wie betäubt. Ich war zu verlegen über diese kindische Geste gewesen, als daß ich sie irgend jemandem erzählt hätte, und ich war auch sicher, daß Richard ein so intimes Detail unseres Lebens nie weitergeben würde. Der Geistliche fuhr fort: »Sie müssen wieder damit anfangen. Sie wissen nicht, wie sehr diese Briefchen ihn berühren. Sie geben ihm Hoffnung.«
Ich sagte ihm, daß ich die Wut und die Depression, die mich verzehrten, nicht mehr aushalten konnte. Er zögerte, mir einen Rat zu geben, aber ich flehte ihn an: »Bitte, sagen Sie mir nur, was ich tun soll.«
Er strich sich nachdenklich über die Stirn und lehnte sich dann in seinem Sessel nach vorne. »Wenn ich es Ihnen sage, müssen Sie es auch tun«, meinte er.
»Ja, auf jeden Fall«, antwortete ich mit Tränen in den Augen.
»Wenn Sie die Bibel lesen und beten, wird Gott sich um den Rest kümmern.«
Ich konnte nicht glauben, daß Lesen und Beten genug sein sollten, um mich zu heilen. Aber etwas anderes hatte auch nicht geholfen, deshalb hielt ich es für besser, der Inspiration meines Geistlichen zu vertrauen. Er hatte von den Briefchen in Richards Lunchpaketen und auch von ein paar anderen Details meines Lebens gewußt, von denen ich angenommen hatte, sie wären ziemlich gut versteckt. Vielleicht traf er auch diesmal ins Schwarze.
Aber irgendwie schien dem Beten immer etwas entgegenzustehen. Jedesmal, wenn ich mich zum Beten

hinkniete oder meine Bibel öffnete, passierte irgend etwas – das Telefon klingelte, Jacob weinte, oder Alex bekam einen Wutanfall. Es war unheimlich – es war fast, als ob irgendeine Macht versuchen würde, mich von der Befolgung des Ratschlags abzuhalten. Nach kurzer Zeit bemühte ich mich gar nicht mehr, ihm nachzukommen. Ich war nicht mehr das naive Mädchen, das dachte, es könne sich an Gott wenden, wenn die Autoschlüssel weg waren, auch wenn andere dies für verrückt hielten.

Es war quasi unvermeidlich, daß ich schließlich wieder packte, um zu gehen. Diesmal schien Richard erleichtert: Die Gefühlsstürme, die Monate kalten Schweigens und die Ungewißheit, ob ich bleiben würde, hatten ihn zermürbt. Ich bekam einen Job – ich verkaufte BMWs –, wodurch ich ein Auto und das Einkommen hatte, das ich zum Leben brauchte; bis ich eine Wohnung fand, verbrachte ich die Nächte bei Freunden. Ich kam nur tagsüber nach Hause, wenn Richard bei der Arbeit war.

Einmal überraschte er mich dort. Ich saß auf dem Küchenboden und sortierte ein paar Papiere aus – die Geburtsurkunden und Adreßbücher, die ich brauchen würde –, als er hereinkam. Die Not, die in seinen Augen stand, bewegte mich dazu, ihm wenigstens zuzuhören.

»Wir müssen zusammenbleiben«, sagte er.

»Hm, ja«.

»Nein, wirklich. Ich habe ganz klar den Eindruck … Es war, als käme eine Stimme in meinen Kopf, die mir sagte, wir müßten die Jungen zusammen erziehen, vor allem Alex«, sagte er. »Sie brauchen uns beide. Du solltest noch einmal zu deinem Pfarrer gehen. Er erwartet dich.«

Oh, gut. Noch eine Intrige, um mich hier zu halten, dachte ich. Ich sah Richard angewidert an und stand langsam auf.

»Warte«, beharrte er. »Du weißt, daß ich nicht so ein Verrückter bin, der Stimmen und ähnlich irres Zeug hört«, fuhr er fort. »Mir wurde gesagt, daß ich diesen Eindruck hatte, weil Alex für uns gebetet hat. Du brauchst mir nicht zu glauben. Du wirst es selbst erfahren.«

»Du machst Witze«, sagte ich nur. Ich war mir noch nicht einmal sicher, daß Alex wußte, wie man betete, obwohl er in die Sonntagsschule ging.

Richard, der die Bissigkeit in meiner Stimme hörte, zuckte mit den Achseln und trat den Rückweg zur Tür an. Dann hielt er einen Augenblick inne, wandte sich um und sah mich mit müder Entschlossenheit an. »Weißt du, Angie«, sagte er, »letztendlich liegt es bei dir. Ich könnte mit beiden Entscheidungen leben. Ich bin genauso müde, mit dir zu streiten, wie du mit mir.«

Richard ging, und ich schüttelte verärgert den Kopf über einen so offensichtlichen Manipulationsversuch. Ich hatte endlich den Mut, aus meiner Ehe herauszugehen, und nichts würde mich aufhalten. Aber dann, zwei Tage später, als ich auf Wohnungssuche war, hielt ich bei einer roten Ampel. Ich erlaubte meinen Gedanken, zu Richards eindringlichen Worten zurückzukehren. Und plötzlich fühlte ich einen mächtigen Energieausbruch, der in meinem Brustkorb begann und sich durch meinen ganzen Körper verbreitete; er erfüllte mich mit der unleugbaren Gewißheit, daß das, was Richard gesagt hatte, stimmte – daß er von Gott eine Botschaft erhalten hatte. Die Gewißheit wurde bestätigt, als ich zu meinem Pfarrer ging, der mir sagte, er hätte mich erwartet. Er hätte geahnt, daß ich ein Gespräch brauchte.

Und so gingen Richard und ich unmittelbar vor unserer vermeintlich endgültigen Trennung die Verpflichtung ein, zusammenzubleiben. Ein paar Wochen später kam ein Zeichen – zumindest sahen wir es so –, daß wir die richtige Entscheidung getroffen hatten. Richard bekam eine neue Aufgabe in Okinawa, Japan – weit weg von unseren Familien, meiner politischen Aktionsgruppe und all dem anderen, was in unserer Ehe für Schwierigkeiten gesorgt hatte. Wenn es irgend etwas gab, was wir damals brauchten, war es die Chance, noch einmal von vorn anzufangen; sie war uns gewährt worden.

10

Okinawa ist ein Juwel des Pazifiks, ein tropisches Paradies. Wenn Richard keinen Dienst hatte, erforschten wir die Höhlen der Insel oder schnorchelten durch das jadegrüne Wasser. Sogar die unheimlichen Taifune, die über die Insel fegten, trugen dazu bei, unsere kleine Familie zu einen. Wenn draußen der Sturm wütete, machten wir es uns stunden- und manchmal tagelang in unserem Haus gemütlich. Meinen Söhnen gefiel es, wenn wegen des Taifuns der Strom ausfiel und sie mit Taschenlampen durch das dunkle Haus wandern und Geistergeräusche machen konnten, die der heulende Wind und das ohrenbetäubende Geprassel des Regens nur knapp übertönten. Richard und ich kuschelten stundenlang auf der Couch miteinander und sahen den Jungen beim Spielen zu. Wenn sie müde waren, drapierten wir ein Laken über die Eßzimmerstühle und ließen sie in diesem Phantasiezelt schlafen, während wir aufblieben und die ganze Nacht schwatzten. In diesen entspannten Phasen kam Richards natürlicher Humor zum Vorschein. Manchmal brachte er mich so zum Lachen, daß ich weinen mußte.

Vor dem Fenster stand ein riesiger Baum – riesig zumindest nach den Maßstäben von Okinawa, denn er

war groß genug zum Klettern. Als wir Okinawa verließen, hatten die Taifune ihn auf zwei dünne Ärmchen reduziert.
Durch die Kirchengemeinde fanden wir schnell eine neue Gemeinschaft von Freunden, die uns in den Zauber der japanischen Kultur einführte. Eine wunderschöne Landschaft, eine neue Welt, die es zu erforschen galt, warmherzige, aufrichtige Freunde, die uns das Gefühl vermittelten dazuzugehören – unser neues Leben war absolut perfekt.
Und so war ich am Boden zerstört, als mich um Weihnachten herum, präzise wie ein Uhrwerk, der »Zyklus« wieder packte. Diesmal war ich entschlossen, ihm zu trotzen. Ich hatte erkannt, daß meine Depressionen periodisch waren – sie kamen immer im Januar und im Juni – und zu den Ereignissen meines äußeren Lebens kaum eine Beziehung hatten. Etwas in mir öffnete die Schleusen der Erinnerung – an Ferien, in denen Vater betrunken war, an den Weggang von Mama, an JoAnnes Wutanfälle, an meinen Mißbrauch –, und mit den Erinnerungen kamen die zwanghaften Gedanken, der Sog des Selbsthasses. Ich verbarrikadierte mich im Haus und schlief den ganzen Tag bei Rockmusik, die mich ohne Unterbrechung aus dem Kassettenrecorder berieselte. Etwas so Banales wie ein Gespräch konnte eine Angstattacke auslösen. Aber ich dachte, das Leben würde wieder normal werden, falls ich diesmal dem Zyklus widerstand.
Wenn meine beste Freundin in Okinawa, Jennifer, anrief, suchte ich stets irgendeine Entschuldigung, um

vom Telefon wegzukommen. Ich konnte mir noch nicht einmal vorstellen, mit ihr zum Lebensmittelladen zu gehen. Aber sie bestand darauf; sie weigerte sich, meine Ablehnung persönlich zu nehmen, und erkannte, daß mich irgend etwas gefährlich zerbrechlich machte. Eines Nachmittags kam sie vorbei und schleppte mich ungeachtet meines Protests hinaus in den Sonnenschein. Sie ließ einfach nicht zu, daß ich mich völlig von meiner Umgebung zurückzog.

Es war klar, daß ich Hilfe brauchte, aber ich hatte Angst, einen Psychologen vom Fliegerhorst zu konsultieren. Die amerikanische Luftwaffe dort war eine so kleine Gemeinschaft, und ich wollte auf keinen Fall, daß meine Probleme in Richards Personalakte auftauchten. Deshalb ging ich zu einer anonymen Selbsthilfegruppe für die Opfer sexuellen Mißbrauchs. Wieder verstärkte es die Flut meiner Erinnerungen, wenn ich die Geschichten der anderen Frauen hörte; aber schlimmer war noch, daß sie mir das Gefühl vermittelten, meine Probleme seien besonders gravierend. Keine der Frauen hatte die zyklischen Störungen, die ich hatte; unsere einzige Gemeinsamkeit war eine gewisse Tendenz zur Angst. Ich fühlte mich wie ein Monstrum; dieses Gefühl erschreckte mich genauso wie meine seelischen Qualen. Ich hatte jetzt Angst, mich überhaupt irgend jemandem anzuvertrauen. Später erfuhr ich, daß meine Symptome so ungewöhnlich nicht waren, aber in dieser kleinen Selbsthilfegruppe kamen sie einfach nicht auf.

Jetzt sagte ich Richard, daß ich eine Pause brauchte.

Ich wollte in die USA zurück, um meine Familie zu besuchen und zu sehen, ob die Depression verging, aber Richard hatte Angst, daß ich nicht zurückkommen würde, wenn ich einmal weg war. Er glaubte immer noch, daß meine Mutter und Toni mir das letztemal geholfen hatten, ihn zu verlassen, und fürchtete, sie würden mich angesichts meines bedenklichen psychischen Zustands erneut beeinflussen. Deshalb weigerte er sich, die Papiere zu unterschreiben, die das Militär verlangte, damit ich die Insel verlassen konnte.

Also versuchte ich, mit meiner Lage fertig zu werden. Ich schleppte mich durch die Tage und versuchte, die destruktiven Stimmen in mir zum Schweigen zu bringen. Eines Abends, als ich im Laden auf dem Fliegerhorst Milch kaufen wollte, reichte meine Energie noch nicht einmal aus, um mich richtig anzuziehen. Ich ging einfach in Hausschuhen und Trainingsanzug aus dem Haus. Als ich zurückkam, brachte ich es nicht über mich, ins Haus hineinzugehen. Ich dachte, ich würde explodieren, wenn ich es täte.

Also fuhr ich in die Nacht hinein, bis ich einen Platz fand, an dem ich bleiben konnte. Am nächsten Tag kaufte ich ein paar Kleider und Toilettenartikel, und im Waschraum des Geschäfts wusch ich mir die Haare, putzte mir die Zähne und zog mich um. Ich bewegte mich zwanghaft – wie im Fieber. Da ich nicht wußte, was ich tun oder wohin ich gehen sollte, kaufte ich eine Eintrittskarte fürs Kino. Der Film hieß *Flatliners* – eine Geschichte über den Tod, die ziemlich genau meinen inneren Zustand spiegelte. Als er zu Ende war, wanderte ich herum, bis es dunkel wurde. Dann hatte ich keine andere Wahl, als nach Hause zurückzukehren.

Als ich dort ankam, waren Richard und die Jungen in Panik; sie beteten darum, daß ich nach Hause käme. Mir brach das Herz, als ich sah, wie erleichtert meine Söhne waren. Alex sprang auf und schrie: »Mama ist wieder da.« Seine Augen waren vom Weinen geschwollen. Er rannte auf mich zu, umklammerte meine Beine und weigerte sich, sie loszulassen. Richard sprang auf, um mich zu umarmen, und sagte mit zitternder Stimme: »Alles in Ordnung?« Jacob, mein Kleiner, streckte seine Ärmchen aus und wollte, daß ich ihn umarme. »Mama, Mama«, rief er mich zu sich. Welcher böse Impuls hatte mich dazu getrieben, sie zu verletzen? Ich konnte nicht glauben, daß ich so grausam gewesen war. Vorher hatte ich immer angekündigt, wenn ich weggegangen war, aber daß ich sie eine ganze Nacht und einen Tag verlassen hatte, ohne ein Wort zu sagen, ohne einen Hinweis darauf, daß ich noch lebte, war für sie so beunruhigend gewesen, daß ich ihr unschuldiges Vertrauen bis ins Mark erschüttert hatte. Meine armen Kinder – ich hatte Angst, daß der Schaden, den ich ihnen zugefügt hatte, im Untergrund schlief, bis sie selbst Kinder hatten, und dann so machtvoll und massiv ans Tageslicht kommen würde, daß sie ihn nicht eindämmen könnten, und deshalb auch sie zu einer finsteren, qualvollen Existenz verurteilt seien, genauso wie ich. Ich konnte mein

Fluchtbedürfnis nicht steuern, und ich sah plötzlich sein enormes Potential, anderen zu schaden.

»Wo bist du gewesen?« fragte Richard ohne Kritik oder Wut. Dieser Mann liebte mich so sehr, aber er verstand nicht, wie krank und wütend ich war. »Ich bin so froh, daß du zurück bist«, sagte er, und die Tränen stiegen ihm in die Augen. Was sollte ich ihm sagen? Daß ich vierundzwanzig Stunden damit zugebracht hatte, einzukaufen und mir einen Film anzusehen? Ich würgte nur ein »Ich weiß es nicht« hervor.

Am nächsten Morgen hielten die Folgen meiner Grausamkeit an. Jacob wurde früh wach und bestand darauf, den ganzen Tag von mir herumgetragen zu werden. Er saß auf meiner Hüfte, als ich das Frühstück machte, und klammerte sich an meinen Hals. Alex, der ältere, war beim Aufwachen wütend. Als ich mich herunterbeugte, um ihn zu küssen, stieß er mich weg und zog sich in die Ecke des Bettes zurück, wo er sich zu einem kleinen wütenden Bündel zusammenkrümmte. Er verbarg sein Gesicht mit den Händen und starrte mich durch die Finger an. Wie konnte ich ihn davon überzeugen, daß es nicht meine Absicht gewesen war, ihn zu zerstören? Woher sollte ich wissen, daß ich es nie wieder tun würde?

Als ich abends meine Selbsthilfegruppe traf, sprachen wir darüber, wie wichtig es war, tief in die schmerzlichen Erinnerungen hineinzugehen. Ich las gerade ein Selbsthilfebuch, das ebenfalls empfahl, sich jede Einzelheit der Kindheitsalpträume genau anzusehen. Aber ich konnte es nicht – meine Psyche war einfach nicht bereit, diese Last zu tragen –, und so überwältigte mich Hilflosigkeit und das Gefühl, versagt zu haben. Wenn die einzige Möglichkeit, über die Vergangenheit hinwegzukommen, darin bestand, sie direkt zu konfrontieren, war ich verloren.

Auch die Einsicht, daß meine Depressionen zyklisch waren, trug also nicht dazu bei, daß ich von ihnen nicht mehr aus der Bahn geworfen wurde. Vielmehr sorgte diese Erkenntnis dafür, daß ich die Zukunft als eine lange Reihe destruktiver Phasen sah, in denen ich jeden verletzte, den ich liebte. Wie sollten mein Mann und meine Kinder die Tatsache akzeptieren, daß ich diese Anfälle nicht steuern konnte? Wie sollten sie mich nicht hassen, wenn ich immer wieder in diese Zustände hineinglitt? Und wie sollte ich selbst es ertragen, daß der Schmerz wiederkam, jahrein und jahraus, mein ganzes Leben lang?

Eine solche Zukunft wäre unerträglich, unmöglich. Und jetzt fiel ich in einen tiefen, schwarzen Abgrund der Verzweiflung. Ich fühlte mich tot in jeder Hinsicht, die wirklich wichtig war – ich war unfähig, die vielen Segnungen meines Lebens zu genießen, meinen Mann und meine Kinder zu lieben, ohne ihnen weh zu tun, im Leben weiterzukommen, die Vergangenheit loszulassen. Als ich nach Südkalifornien »geflohen« war, hatte ich gesehen, daß Richard zu verlassen nicht die Lösung war. Und schließlich begann sich ein Ausweg zu öffnen, die Vision von einer endgültigeren Flucht. Es war das einzige, was ich tun konnte, damit alles in Ordnung kam – wenn ich nur den Mut dazu hatte.

11

Der Morgen des 7. Januar dämmerte kalt und klar. Ich hatte fast die ganze Nacht hindurch mit meinen Gefühlen gekämpft und schlief schließlich ein oder zwei Stunden vor Sonnenaufgang auf der Couch ein. Ich hörte, wie Richard oben hin und her ging, sich für die Frühschicht anzog und dann so leise, wie seine Kampfstiefel erlaubten, die Treppe hinunterschlich. Er kam ins Wohnzimmer, wo ich lag; meine weiche, alte rote Decke lag zusammengekrumpelt bei meinen Füßen. Ich tat, als ob ich schlafen würde, und verfolgte ihn durch die Augenwimpern hindurch. Ich hatte ihn oft abends und morgens so beobachtet; seine Bewegungen waren sicher, kraftvoll und auf tröstliche Weise zielstrebig. Ich liebte ihn so sehr. Wie lange würde es dauern, bis meine Verrücktheit seine Bereitschaft, mich zu lieben, erschöpft hatte? Wenn er aufgäbe, würde ihn das zerstören – auch wenn er schon mehr ertragen hatte, als die meisten Ehemänner mitmachen. Er definierte seinen Wert so eindeutig und klar dadurch, wie rechtschaffen er seine Aufgabe als Vater und Ehemann erfüllte. Jetzt beugte er sich über mich und hantierte mit der Decke herum, die an meinen Füßen lag. Er zog sie mir über die Schultern und packte mich behaglich in sie ein. Er

küßte mich auf die Stirn und flüsterte: »Ich liebe dich.«
Als er weg war, stand ich kurz auf, um den Jungen ein paar Getreideflocken zurechtzumachen, die Kassetten zu wechseln und das Telefon abzustellen. Die Bewegungen, ja selbst das Atmen führte mich zu der qualvollen Erkenntnis, daß ich immer noch lebte und Schaden anrichten konnte. Den größten Teil des Tages versteckte ich mich unter meiner Decke und beobachtete, wie die Jungen auf dem Wohnzimmerfußboden spielten. Ihre Gesichter waren so süß. Der Gedanke, daß ich ihnen weh getan hatte, löste Herz- und Magenschmerzen bei mir aus. Dieser letzte Akt, den ich jetzt erwog, würde ein furchtbarer Schock für sie sein – und, trotz der vielen Zeichen entlang des Wegs, auch für Richard. Ich hoffte, sie alle würden verstehen, daß meine Lösung eine Tat der Liebe war, die ihnen die Chance zu einem besseren Leben bot. Vielleicht hatte meine Mutter das auch so empfunden und gemeint, ihr Weggehen würde ihre Kinder retten. Ich machte jeden um mich herum kaputt.
Richard brachte an diesem Tag das Abendessen mit; ich gab eine leichte Erkältung vor und blieb auf der Couch, bis er und die Jungen oben waren. Ich hörte, daß Richard stundenlang unruhig blieb, sich ins Bett legte, wieder aufstand, im Zimmer herumlief.
Schließlich, um zwei Uhr morgens, kam er die Treppe herunter und stand vor mir. »Kommst du ins Bett?« fragte er.
»Mir geht's nicht so gut. Ich hab' den ganzen Tag

geschlafen. Ich glaube, ich bleibe einfach hier ein bißchen liegen«, antwortete ich. Seine unschlüssige Anteilnahme verschärfte die Spannung zwischen uns. Er wußte, daß ich Probleme hatte, und er wollte, daß ich mit ihm nach oben kam. Aber nach meinem kürzlichen Verschwinden hatte er Angst, das Thema zu forcieren. »Los, Richard«, sagte ich ihm, »ich will allein sein.«

Er ging, und ich wartete, bis es still war im Haus; dann wechselte ich die Kassetten und setzte mich an den Eßzimmertisch. Wenn ich diesen letzten Akt ausführen wollte, durfte ich meine Entschlossenheit nicht verlieren. Es war alles so ungerecht. Ich wollte meine Kinder nicht verlassen, und ich wollte unbedingt eine gute Mutter sein. Ich weinte bitterlich und versuchte mir eine Möglichkeit vorzustellen, bei der ich mit meiner Familie zusammenbleiben und ihre Liebe behalten könnte. Aber ich war überzeugt, daß mein Zögern ihr Unglück nur festigen würde. Ich mußte sie freigeben.

Ich nahm einen Stift und ein Notizbuch und benetzte die Seite mit kalten Tränen. Die Dunkelheit hatte sich tief in mein Inneres eingefressen und alles Gute zunichte gemacht. Ich war so müde. Krank und müde. Ich begann, einen Abschiedsbrief zu schreiben. »Es tut mir leid, Richard«, begann ich. Die Kassette stellte sich mit einem Klicken ab, und die Klänge, die ich immer wieder gehört hatte, verstummten. Ich packte meine alte rote Decke und stand auf, um die Kassette zu wechseln. Die sanfte, verführerische Weise hing noch in der Luft. Ich kannte sie gut. Die einfühlsame Stimme des Sängers flüsterte zärtlich vom Tod. O ja, dachte ich, wieg mich in den Schlaf. Meine Stimme schloß sich seiner an, und Melodie und Zweck verschmolzen zu einem perfekten Duett des Todes.

Ich kehrte an den Tisch zurück; halb in meine Decke gehüllt, setzte ich mich, um meinen Abschiedsbrief zu beenden. Die tragischen Worte, die ich hinkritzelte, sahen ein bißchen melodramatisch aus, aber es war mir egal. Nachdem ich die beschämende Wahrheit über mich so lange verborgen hatte, konnte ich endlich aufhören, etwas vorzugeben, und akzeptieren, wer ich wirklich war, ein Mensch, der spirituell tot war, verbittert, verbraucht.

Unsicherheit durchbohrte mich einen Moment, als ich noch einmal an Alex und Jacob dachte, aber dann gab ich mich der Musik hin. Sie liebkoste meinen schwachen, erschöpften Geist, verhieß mir das Ende meines Leids. Ich sog die Worte und die Melodie in mich ein und atmete tief und voll. Die Klänge beschwichtigten mein Zögern und meine Angst. Ich war bereit.

Ich stieg die Treppe hoch und rief mir die morbide Szenerie ins Gedächtnis, die ich mir seit Bear Creek von Zeit zu Zeit vorgestellt hatte. Sie würden meinen Körper in einer Badewanne finden, und kreisende Wolken von Blut würden das Wasser färben … Das groteske Bild meines leblosen Körpers hatte mir während der schlimmsten Attacken JoAnnes sofortige Befriedigung verschafft, und in den letzten paar Tagen hatte dieses Bild meines Todes mich ständig begleitet.

Ich ging auf Zehenspitzen in mein Schlafzimmer, um das weiße Baumwollkleid zu holen, das noch über einem Stuhl lag. Es schien für diesen Augenblick sehr geeignet. Dann schlich ich ins Gästebadezimmer und verschloß die Tür hinter mir. Mit einer Zange zerdrückte ich die Verkleidung des Rasierapparats und zog die Klinge heraus; dann ließ ich das Badewasser ein und zog das weiße Kleid über. Während die Wanne sich füllte, starrte ich mein Gesicht im Spiegel an. Die Augen waren schwarz und leer. Das machte es einfacher – daß ich mich nicht in meinen Augen sah. Als ich ins warme Wasser stieg, durchzuckte mich der Triumph. Endlich! Es war Zeit.
Mit der dünnen Rasierklinge schnitt ich die Adern an meinen Handgelenken auf. Es dauerte ewig, bis ein bißchen Blut austrat; an die scharlachrote Flut, die ich mir vorgestellt hatte, war nicht zu denken. Was für ein Witz, dachte ich, noch nicht einmal das konnte ich richtig. Ich preßte meine blutenden Handgelenke gegen das hübsche Baumwollkleid, stieg aus der Wanne und stürzte nach unten, eine Wasserspur hinter mir zurücklassend. In der Küche durchstöberte ich die Schubladen nach einem guten Messer, hatte aber keinen Erfolg. Ich war eine so lausige Köchin, daß das Schärfste, was ich finden konnte, der Dosenöffer war. Dann bemerkte ich auf der Anrichte ein neues Medikament. Verzweifelt schluckte ich den ganzen Inhalt der Flasche auf einmal. Das Blut rann mir noch über die Handflächen und tropfte von meinen Fingerspitzen, aber es gab mir einen Kick, daß ich die Tabletten

entdeckt hatte. Sie würden es einfacher machen. Während ich darauf wartete, daß das Medikament wirkte, säuberte ich den Küchenboden von Blut; dann ging ich nach oben, um das rosafarbene Wasser aus der Badewanne abfließen zu lassen und statt des Kleides einen Bademantel anzuziehen. Ich umband meine Handgelenke mit Handtüchern und rollte mich mit meiner Decke auf Alex' leerem Bett zusammen. Er war wie immer in unser Schlafzimmer geschlichen. Jetzt brauchte ich nur noch zu warten ...

Gut, dachte ich, als mir schwindlig wurde. Nach kurzer Zeit drehte der Raum sich um mich, als wäre ich auf einem Karussell. Ich hatte schrecklichen Durst, und mein Körper war langsam und schwer, als ich ins Badezimmer wankte, um ein Glas Wasser zu trinken. Als ich zurückkam, wurde mir übel. Ich gelangte gerade noch rechtzeitig in Jacobs Zimmer, um ein Osterkörbchen zu packen. Wie passend, dachte ich grimmig. Ostern, das Fest von Tod und Wiedergeburt.

Da ein Teil des Medikaments wieder hochgekommen war, brauchte ich eine weitere Dosis Drogen. Ich durchstöberte also das Medizinschränkchen und stellte ein bekömmlicheres und möglicherweise sicherer tödlich wirkendes Gebräu zusammen. Diesmal vergiftete ich mich langsam und nahm bis zum frühen Morgen immer wieder kleine Dosen, damit mein Körper die Drogen nicht noch einmal von sich gab.

Bei Tagesanbruch wurde das scharfe Plärren des Weckers aus meinem Schlafzimmer durch das Sausen in meinen Ohren gedämpft. Die Dusche begann zu

laufen, für mich das Zeichen, aus Alex' Bett herauszurollen und in mein eigenes zu klettern. Als Richard aus dem Badezimmer kam, hielt er inne und fragte: »Was ist mit dir?«
»Nichts, mir ist nur schlecht«, nuschelte ich.
Er akzeptierte meine Erklärung und ging zur Arbeit. Als die Jungen aufwachten, brachte ich sie zum Haus einer Nachbarin; auf einen Zettel hatte ich geschrieben, sie möge auf sie aufpassen, da es mir nicht gutgehe. Dann richtete ich mich wieder auf der Wohnzimmercouch ein; ich klammerte mich immer noch an meine Decke, die süße Freundin meiner Kindheit. Ich stopfte mich weiter mit Drogen voll und konsumierte so viel, wie ich aushalten konnte, ohne mich zu übergeben.
Schließlich bekam ich das Gefühl, daß es geschah. Ich konnte nicht mehr stehen oder mich aufsetzen. Meine Augen fielen auf die Uhr. Es war elf Uhr vormittags. Eine warme, helle Sonne schimmerte durch die dünnen Vorhänge und glänzte auf den weißen Fußbodenkacheln. Das wird das letzte sein, was ich vom Leben sehe, dachte ich. Meine Nase und meine Lippen fühlten sich taub an, und diese Empfindung dehnte sich schnell auf meine schlaffen Arme und Beine aus. Meine Zunge war dick und trocken, als ich zu schlucken versuchte. Ich hatte das Gefühl wegzugehen – mich von meinem schweren, trägen Körper zu lösen.

12

Ich ging in eine andere Sphäre über. Ich spürte, wie eine ungeheure Energie mich grollend umhüllte, als läge ich im Düsentriebwerk einer startenden Boeing 747. Ich lag bewegungslos unter meiner dünnen roten Decke. Mit einem immer lauter werdenden Summen, das zu einem Pfeifen anstieg, als die Schwingung des Todes mich tiefer zog, löste meine Seele sich vom Körper. Ich sah etwas, das dem Inneren meiner Augenlider glich. Pfirsichfarbenes Licht milderte das intensive Gefühl des Sinkens bzw. Stürzens.

Eine krankhafte Faszination lockte mich, meinen Tod zu beobachten; ich hob meine schweren Augenlider und spürte sofort, wie eine riesige Energiewelle mich in meinen Körper zurückzog. Ich sah die dekorativen Kissen, die um mich herum auf der Couch verstreut waren. Flache schnelle Atemzüge und das Hämmern meines Herzens sagten mir, daß ich noch nicht ganz angekommen war. Na gut, dachte ich, ich würde es noch einmal versuchen müssen.

Ich schloß die Augen und wünschte den Tod herbei. Sofort sah ich etwas, das ich für das strahlende, durch meine Augenlider dringende Morgenlicht hielt, aber ich bemerkte, daß sich diesmal hellrote Linien von

dem pfirsichgelben Hintergrund abhoben, die wie Dutzende winziger Straßen auf einer Landkarte durcheinanderwuselten. Gleichzeitig bewegte ich mich durch einen weichen warmen Kokon auf einen schwarzen Fleck am Ende zu. Allmählich dämmerte mir, daß ich da irgendeine Schleimhaut sehen mußte; es konnte unmöglich das Innere meiner Augenlider sein, denn ich hatte das Gefühl, als wäre mein ganzer Körper von einer warmen, angenehmen Hülle umgeben, die mir mehr Frieden und Geborgenheit vermittelte, als ich je erlebt hatte. War das der Tod?
Ich hatte immer noch den Wunsch, mich zu sehen, also öffnete ich wieder die Augen; auch diesmal wurde ich abrupt in meinen Körper zurückgesogen. Ich lag immer noch als zusammengekrümmtes Menschenbündel auf der Couch. Jetzt wußte ich, daß ich diesen Übergang vom Leben zum Tod irgendwie steuern konnte. Obwohl ich in materieller Hinsicht alles getan hatte, was zum Sterben notwendig war, hatte ich immer noch die Wahl.
Ich kniff die Augen fest zusammen und richtete meine Gedanken und meinen Willen auf den Tod. Ich war zufrieden mit mir, sogar irgendwie ausgelassen – ich konnte kaum glauben, daß ich den Mut hatte, so etwas zu tun. Das bebende Tosen nahm mich auf, und wieder wurde ich in den warmen Tunnel gesogen. Seine goldenen Wände, die mit Blutgefäßen und Kapillaren ausgekleidet waren, preßten mich zusammen, während ich mich langsam durch sie hindurchbewegte. Die Erfahrung fühlte sich vertraut an, und ich wußte,

daß ich mich mein ganzes Leben lang danach gesehnt hatte, solche Liebe zu spüren.
Plötzlich empfand ich den Druck der Kontraktionen in meinem eigenen Bauch. Obwohl ich selbst zwei Kinder geboren habe, wurde mir erst später klar, was der Druck bedeutete. Ich erlebte meine eigene Geburt, meine erste Erinnerung. Ich sah sie als Beteiligte und als Beobachter. Ich spürte die Körperwärme und den Druck, der vom Inneren des Kanals ausging, und auch die Kontraktionen meiner Mutter – so, wie sie dieses freudige Ereignis vor siebenundzwanzig Jahren erlebt hatte. Als wäre ich sie, empfand ich die Ehrfurcht meiner Mutter, ihren Respekt vor dem, was da geschah. Ich spürte auch meine eigene Aufregung, meine unschuldige Liebe als neugeborenes Baby, das zum allerersten mal die Welt betritt. Es tat nicht weh. Ich erlebte nur die berauschende Euphorie der Liebe, eine wundervolle Gelassenheit, die mit wohltuender Entschlossenheit gemischt war. Meine Mutter wollte mich, und ich wollte zu ihr.
Plötzlich wurde ich heftig und schnell aus dem Tunnel ausgestoßen. Sobald ich draußen war, wurde ich gewiegt; mein Kopf ruhte fest und sicher in einer Hand. Ich sah zu einer Frau auf, aber da ich die Gefühle der Frau und des Babys hatte, wußte ich nicht genau, wer von den beiden ich nun war. Vom Standpunkt des Babys aus wußte ich nicht, wer die junge Frau war, aber in ihrer Gegenwart fühlte ich mich geborgen. Aus der Sicht der Frau erkannte ich das Gefühl wieder, das ich so oft gehabt hatte, wenn ich meine Jungen im Arm

gehalten und verwundert ihre zarten Gesichtszüge studiert hatte, so daß gegenseitige Abhängigkeit und Gewißheit sich festigten und das einzigartige Band zwischen Mutter und Kind schufen. Und als außenstehender Dritter dachte ich, daß diese junge Frau ich sein mußte. Sie hatte meine Nase und mein Lächeln.

Die Frau sprach mit jemandem, den ich nicht sehen konnte, aber die Worte drangen wie aus weiter Ferne zu mir und klangen unsinnig. Mir genügte es, nur gehalten zu werden, und es störte mich nicht, daß ich den Sinn der Worte nicht erfassen konnte. Ich erkannte jedoch, daß das, was ich hörte, ein freundlicher Austausch war; ansonsten hatten die Worte für mich keine Bedeutung. Ich erwartete auch gar nicht, das verworrene Gerede der Erwachsenen zu verstehen. Mir waren nur der Friede und die Geborgenheit wichtig, die ich empfand.

Dann lächelte die Frau zu mir herunter. Ich bemerkte, daß ihr braunes Haar glatt war, nicht wellig wie meins, und auch kürzer als mein Haar. Ich erkannte, daß dies meine Mutter vor fast drei Jahrzehnten war. Ich war bezaubert von ihr und zugleich ein Teil von ihr. Mir schien überhaupt nicht bewußt zu sein, daß ich einen eigenen Körper, ein eigenes Leben hatte. Ich war mir über meine elementarsten, reinen Empfindungen im klaren, aber ich empfand mich nicht als eigenständiges, vollständiges Individuum. Ich war an diese Frau gebunden, die für mich da war. Sie war meine Identität.

Erst nach langer Zeit wurde mir die Bedeutung der

Tatsache klar, daß diese beiden ersten Erinnerungen – an meine Geburt und an das Wiegen – die längsten, detailliertesten und emotionalsten von allen waren, die mir gezeigt wurden. Durch sie erkannte ich, daß meine Mutter mich genauso geliebt hatte, wie ich meine Jungen liebte. Ich hatte mir das nie träumen lassen – und sah sie so in einem ganz anderen Licht; ich erkannte, daß das, was sie für uns getan hatte, das Beste war, was sie tun konnte.

Die Aufmerksamkeit meiner Mutter wurde abgelenkt, und jetzt bemerkte ich vor mir so etwas wie eine große Filmleinwand. Ich wurde in eine »dreidimensionale Diashow« über mein Leben hineingezogen, die chronologisch vor mir ablief, während ich jeden Teil von ihr aus der Sicht und mit dem Verständnis aller Beteiligten erlebte. Ich wußte genau, was jeder Mensch, der je mit mir zu tun hatte, fühlte. Vor allem jedoch wurde mir mit lebendigen Details genau gezeigt, wie meine Kindheit wirklich gewesen war. Die Bilder flogen an mir vorbei, aber ich nahm mit Leichtigkeit jeden Augenblick auf; jedes Bild löste eine Flut von Erinnerungen aus. Das meinten die Leute also, wenn sie sagten: »Mein Leben lief blitzartig vor mir ab.«

Als die einzelnen Bilder vor mir aufleuchteten, erfüllten sie mich, und ich tauchte in sie ein. Vor mir war ein Geburtstagskuchen auf einer schneeweiß beschichteten Tischplatte. Gold- und Silberglitter glänzte auf dem glatten Überzug und brachte eine Flut von Erinnerungen an Mahlzeiten mit sich, die ich in dieser Küche gegessen hatte. Ich roch die brennenden Kerzen, die stolz auf dem Kuchen standen und verkündeten, daß mein fünfter Geburtstag gekommen war. Ich war aufgeregt und zappelig. Mein steifes Kleid verschob sich, wenn ich mich bewegte, und ich konnte seine Farbe spüren – Rot. Meine Füße, die in kurzen weißen Söckchen und glänzend schwarzen Schuhen steckten, baumelten über den Rand des kalten Stuhls, und die Rückseite meiner dünnen Beinchen klebten auf dem Vinylsitz. Ich schob sie hin und her und zog mich hoch, so daß meine Beine den Stuhl abschilferten. Die Szene schien sehr vertraut und real, aber ich hatte das Gefühl, als hätte ich sie noch nie erlebt. Ich wußte nicht, was als nächstes passieren würde, und ich konnte die Ereignisse auch nicht ändern.

Ich saß am Kopfende des Tisches und hatte all meine Freundinnen und Freunde aus der Nachbarschaft um mich. Geburtstagsteller und Plastikgabeln waren ordentlich angeordnet. Meine beste Freundin, Mary, die nebenan wohnte und zwei Jahre älter war als ich, erschien mir sehr reif. Ihre blonden Locken hüpften auf ihren Schultern auf und ab, als sie den Kopf drehte, um die anderen Kinder mit ihren Partyhüten anzusehen. Wir waren in heller Aufregung wegen dieser Hüte, die unter dem Kinn mit einem dünnen Gummiband befestigt waren, und wir kicherten und zeigten mit dem Finger aufeinander. Dies waren Dinge und Menschen, die ich völlig vergessen hatte.

Meine Mutter, die an der anderen Seite des Tisches stand, war in meiner Erinnerung allwissend und voller Liebe. Ihre schlanke, so vollkommene, so schöne Gestalt bewegte sich mit eleganter Anmut, als sie mit Marys Mutter lachte und schwatzte. Ihre Arme waren jetzt verschränkt, aber ich wußte, daß sie jede Aufgabe fehlerlos erledigen konnte. Ihr breites Lächeln zeigte mir, daß dies ein wichtiger Tag war und ich im Mittelpunkt von alldem stand.

Sie unterbrach ihre Unterhaltung, um mich sanft zum nächsten Schritt der richtigen Geburtstagsetikette zu führen. »Jetzt kannst du dir etwas wünschen, Angie.«

Die Stimmen glücklicher Kinder tanzten in der Luft. Die Schuhe der Mütter klapperten und schlurften über die glänzend weißen Bodenfliesen, wenn ihre aufmerksamen, achtunggebietenden Gestalten die Bedürfnisse der quirligen Partygäste erfüllten. Der Kuchen war so herrlich, so riesig, die Kerzen auf ihm alle angezündet. Meine Aufgabe – sie auszublasen – war so wichtig.

Ich sah die Gesichter meiner Freundinnen so deutlich, daß ich meinte, sie berühren zu können. Marys Schwester Susie hatte die Ellbogen auf den Tisch gestützt und drückte ihre Finger gegen die Unterlippe. Mit offensichtlicher Schüchternheit wartete sie geduldig auf ihr Stück Kuchen, während die anderen Kinder das ihnen zustehende Stück lautstark reklamierten. Weil es mein Geburtstag war, bekam ich das erste Stück, das ich mir außerdem auch noch aussuchen durfte. Ich fühlte mich so wichtig. Es machte solchen Spaß. Ich war klein und schnell, voller Energie.

Plötzlich saßen wir in einem Kreis im Wohnzimmer. Wie ein stilles Gespenst, das unentdeckt zusieht, sah ich mich, wie ich mich mit meiner kleinen Schwester Toni darum zankte, wer wo sitzen sollte. Ich wollte meine Lieblingsfreundinnen in meiner Nähe haben, und weil es mein Geburtstag war, dachte ich, daß Toni in dieser Angelegenheit nichts zu sagen hätte. Der Streit war schnell beigelegt. Ich beobachtete erstaunt, daß die Erwachsenen sich unterhielten und die Kinder sich mit dem Auspacken der Geschenke beschäftigten. Vor dem Fenster stand der wollflockige künstliche Weihnachtsbaum, den Vater jedes Jahr hervorholte. Einen Augenblick lang dachte ich, ich wäre zu einem späteren Ereignis gesprungen, aber dann fiel mir ein, daß ich Anfang Januar Geburtstag habe und wir den Baum bis lange nach Weihnachten stehenließen. Rote, grüne und gelbe Glaskugeln hingen an seinen flauschig-weichen, weißen Ästen. Ich war entzückt, daß jede Kugel mir mein Gesicht in ihrer Farbe widerspiegelte. Auf den unteren Ästen des Baums lagen ein paar silberne Cellophannadeln. Toni und ich liebten es, unter den Baum zu kriechen und die Flocken abzuzwicken, die sich zwischen den Fingern so gut anfühlten. Mama ärgerte sich immer darüber, aber das Gefühl war so befriedigend, daß wir nicht widerstehen konnten.

Unser neues Haus war einfach und tadellos. Das große Panoramafenster, vor dem der Weihnachtsbaum stand, ließ die Sonne von Arizona herein, die alles mit einem weißen Glühen überzog. Geliebte und vertraute Gegenstände kamen ins Blickfeld: der kratzige grüne Teppich, das beigefarbene Vinylsofa, meine Lumpenpuppe Ann und natürlich meine rote Decke, die damals noch dick, neu und hell war. Die flauschige Decke begleitete mich überallhin. Ich liebte sie so, daß ich die kleinen Fussel absammelte und aufaß, denn es genügte mir nicht, die Decke nur um mich zu haben – ich wollte sie zu einem Teil von mir machen.

Ich erlebte meine ganze Kindheit noch einmal, und das aus der Sicht aller Beteiligten, auch meines erwachsenen Selbst. Als unbeteiligter Dritter sah ich, daß unser gesamtes Mobiliar – die orangefarbenen Sessel mit den dünnen Beinen und der schlichte Couchtisch mit den abgerundeten Ecken und den dürftigen Verzierungen – zwar neu, aber unverkennbar aus den sechziger Jahren war. Einfachheit und Funktionalität bestimmten die Ausstattung in unserem Haus eher als Glanz und Glitter. Über dem breiten Sofa befand sich das sorgfältig ausgeführte, goldgerahmte Bild von stürmischen Wellen, die gegen einen felsigen Strand prallen. Es hing leicht schief.

Gleichzeitig sah ich alles durch meine Augen als kleines Mädchen, das detaillierte Pläne ausheckte, um »So tun, als ob« zu spielen und sich – was verboten war – hinter den Vorhängen zu verstecken. Der Couchtisch gab den Tanzboden für meine Puppen ab, und die Polstersessel waren Barbie-Villen mit Dachterrasse. Schuhe waren Puppenautos. Es war eine Welt magischer Möglichkeiten.

Von außen sah ich mich, wie ich ein Geschenk auspackte. Gleichzeitig war ich in meinem kleinen Körper und spürte, wie das Papier riß, als ich es auftrennte, um zu sehen, was drin war. Es war ein Malblock, der groß und unhandlich erschien, als ich ihn aus den riesigen Papierbögen nestelte. Es war die reine Freude. Ich wollte alle Geschenke so schnell wie möglich aufmachen. Ich war überrascht, wie wenig Anstrengung es kostete herumzuwühlen und wie schnell meine Aufmerksamkeit sich verlagerte.

Wieder verging die Zeit wie im Flug, und plötzlich saß ich auf der Anrichte in der Küche und machte Toast. Es war ein bewölkter Morgen. Sanftes Licht lag auf den scharfen Kanten der Anrichte und ließ sie runder wirken. Meine Mutter stand in der Küche an der Spüle und wusch ab. Ich konnte hören, wie das Wasser gegen die Spüle trommelte. Ich dachte an den Waschlappen, der über dem Wasserhahn hing. Er war ekelhaft, und ich haßte es, wenn mein Gesicht mit ihm abgewischt wurde. Die Hände meiner Mutter glitten von dem fließenden Wasser zu dem Handtuch, und ich bewunderte die Leichtigkeit, mit der sie ihre Aufgaben in der Küche erledigte. Sie war perfekt, und ich war stolz, ihre Tochter zu sein.

Sie sang, wie immer. Ihre sanfte Stimme tröstete und beschützte, aber das Lied – eine alte vertraute Volksweise – war traurig und löste in mir ein Unbehagen aus, das Gefühl, daß Schlimmes heraufzog. Ich wollte weinen.

Jetzt war es ein anderer heißer Tag. Die gläserne Schiebetür war offen, und im Hinterhof eines Nachbarn brummte ein Rasenmäher. Vater lag auf dem Sofa, das meine Schwester und ich das »Küchensofa« nannten –

es stand im Eßbereich des Raums an der Wand –, und las die Zeitung. Ich liebte das Wort *davenport*, und manchmal bezeichneten wir die Couch so. Wir saßen dort, wenn wir fernsehen wollten. Vater hatte die Beine übereinandergeschlagen, und zwischen seinen gespitzten Lippen hing eine brennende Zigarette. Er hatte den Kopf leicht zurückgelegt, und die Rauchwolken bildeten manchmal Ringe in der Luft. Er war geduldig und lieb, denn er tolerierte meine energiegeladene Gesellschaft. Ich sprang von seinem Schoß auf die piniengrünen Segeltuchkissen und dann auf ihn zurück. Die Haut in seinem Gesicht fühlte sich weich und wie Sandpapier an, als ich meine kleinen Hände gegen seine Wangen preßte. Ich liebte es, ihm nahe zu sein. Die »Küchencouch« war schmal und unbequem, und ich konnte das Kissen leicht mit dem Fuß verschieben.

Es war toll. Das »Erinnern« aus meiner unmittelbaren Sicht als Kind war für mich so etwas wie eine Offenbarung. Als Erwachsene hatte ich nur einzelne, undifferenzierte Erinnerungen an meine Kindheit. Aber als mein Leben sich wie in einem Hologramm weiter vor mir abspulte, erkannte ich, daß ich ganz wichtige Gefühle und Ereignisse meiner Vergangenheit vergessen hatte. Als kleines Kind hatte ich mich zu Hause und in mir geborgen gefühlt. Ich sah mich mit reinen, akzeptierenden Augen. Meine Gefühle waren klar und stark, nicht wirr und widersprüchlich. Mein Selbstbild war eingebettet in den Stolz und die Liebe von Eltern, die in mich vernarrt waren –, genau das Gegenteil von dem, was ich geglaubt hatte. Vor allem die Anwesenheit meiner Mutter gab mir Wärme und Glück. In den meisten frühen Erinnerungen war sie die zentrale Gestalt.

Als meine dunkleren Jahre näher kamen, wurden die Bilder weniger detailliert. Sie hatten dieselbe elektrische Ladung, aber ich durchlief sie sehr schnell; ich sah sie mit mehr Verwirrung und Distanz und ohne völlig in sie einzutauchen, ohne die starken Gefühle, die die früheren Erinnerungen begleitet hatten. Ich sah Einzelbilder meines Lebens aus verschiedenen Zeiten, wobei manche Ereignisse anscheinend wichtiger waren als andere, denn ich durchlief sie langsamer. Viele Perioden meines Erwachsenenlebens – die Abschnitte, mit denen ich Frieden geschlossen hatte, indem ich verziehen hatte oder mir verziehen worden war – wurden schnell abgehakt oder fehlten ganz; ich wußte jedoch, daß ich mich an sie erinnern oder mich auf sie beziehen konnte, wenn ich wollte. Es wurde mir nicht erlaubt, bei irgendeiner der späteren Erinnerungen zu verweilen, weshalb es so schien, als ob dieser Teil meines Lebens nicht nur für mich vorgeführt wurde. Und tatsächlich wurde mir bewußt, daß ich mir mein Leben nicht allein ansah.

Da war ganz eindeutig eine Präsenz bei mir, obwohl ich niemanden sah. Ich wußte, daß die Präsenz männlich war und mein Leben nicht beurteilte – weder Kritik noch Mitgefühl gingen von ihr aus. Die einzige Empfindung, die ich hatte, war: »So ist es. Dieses Leben hast du gelebt.«

Je näher ich dem Ende meines Lebens kam, desto schneller flogen die Bilder an mir vorüber. Es war unglaublich! Im Nu hatte ich die ganzen siebenundzwanzig Jahre von meiner Geburt bis zu dem Augenblick erlebt, in dem ich sterbend auf der Couch lag und in den warmen Tunnel ging. Dann hörte die schnelle Bewegung, mit der mein Leben an mir vorbei- und durch mich hindurchgerast war, abrupt auf.
Und jetzt?

13

JoAnne hatte mir den Tod als Umarmung beschrieben, als warme, friedvolle Umhüllung, aber als ich hinüberging, war davon nichts da. Sie hatte mir von dem glänzenden weißen Licht erzählt, das sie umgab, und von den vertrauten Wesen, die sie willkommen hießen. Wegen dieser tröstlichen Zusammenkünfte und des Gefühls, in die Herrlichkeit von Gottes Liebe – sein Licht – einzutauchen, kehrten sie und – wie ich seitdem erfahren habe – auch viele andere nur sehr ungern in ihr altes, vergleichsweise leeres und hartes Leben auf Erden zurück. Aber für mich gab es kein helles Strahlen, keine Arme, die darauf warteten, mich in die Gegenwart Gottes zu führen. Statt dessen war alles schwarz, als schwebte ich im Weltall und kein Stern würde leuchten.

Ich erwog die Möglichkeit, daß meine Großeltern und Onkel Sam in die Hölle gekommen waren und mich nicht besuchen durften, aber meine Cousine Carrie konnte unmöglich an einem so schrecklichen Ort sein. Ihr sanftes Wesen, ihr Einverständnis mit ihrem kurzen leidvollen Leben hatten ihr sicher einen Platz in der Gegenwart Gottes eingebracht. Also starrte ich in die dichte Dunkelheit und erwartete, ihre Gestalt auftauchen zu sehen. Ich wartete vergeblich.

Wo war ich? Um mich herum war alles schwarz. Meine Augen schienen sich anzupassen, und ich konnte klar sehen, obwohl es kein Licht gab. Ich war mir bewußt, daß ich auf etwas stand, was sich wie fester Boden anfühlte, aber da war nichts. Die Dunkelheit erstreckte sich in alle Richtungen und schien endlos, aber sie war nicht nur schwarz, sie war auch leer, ohne Licht. Ich wußte, daß sie ihr eigenes Leben und ihren eigenen Zweck hatte. Sie umgab mich vollkommen.

Ich war immer noch aufgeregt darüber, daß ich so weit gekommen war. Der Tod war wirklich ein Abenteuer. Ich drehte den Kopf, um die dichte Finsternis zu erforschen, und sah rechts von mir Schulter an Schulter eine Handvoll anderer stehen – alles Teenager. »Oh, wir müssen die Selbstmorde sein.« Lachend öffnete ich den Mund, aber bevor ich die Worte formen konnte, purzelten sie heraus. Ich wußte nicht genau, ob ich die Worte gedacht oder versucht hatte, sie zu sagen, aber sie waren hörbar, ohne daß ich meine Lippen zu bewegen brauchte. Dann wußte ich nicht, ob die anderen mich gehört hatten, bis der Junge neben mir reagierte.

Er war groß und schlank und hatte wildes schwarzes Haar, das unnatürlich aussah, so, als ob er es gefärbt hätte. Die Augen waren dick mit schwarzem Eyeliner umrandet. Sein Aussehen erstaunte mich, denn ich nahm an, Make-up und Frisur wären irdische Dinge, die eine verstorbene Seele zusammen mit dem physischen Körper zurücklassen würde. Er war schwarz gekleidet, genauso wie die anderen. Wegen des schwarzen T-Shirts, dessen Ärmel er aufgerollt hatte, damit die Oberarme sichtbar waren, der Lederweste, den schwarzen Denim-Jeans und den Motorradstiefeln nahm ich an, daß wir denselben Musikgeschmack hatten. Er sprach kein Wort mit mir. Er sah langsam auf mich herunter und drehte sich dann wieder nach vorn. Sein Gesicht war absolut ausdruckslos, seine Augen ohne Wärme oder Intelligenz. In gedankenloser Dumpfheit verharrten er und die anderen im Niemandsland der Dunkelheit.

Am anderen Ende der Reihe war die zweite ein Mädchen, das noch nicht zwanzig zu sein schien. Das blonde Haar hing ihr glatt und stumpf auf die schmalen Schultern. Ich bekam das Gefühl, daß wir die einzigen Frauen in der Gruppe waren. Und mir wurde klar, daß das Empfinden – das, was manche Intuition oder sechsten Sinn nennen – die bevorzugte Methode der Informationsübermittlung an diesem Ort war, an dem unausgesprochene Gedanken hörbar wurden. Als ich mein neues Talent des »Spürens/Empfindens« übte, ahnte ich dunkel, daß ich mich an eine lange vergessene, natürliche, vertraute Fertigkeit erinnerte, die durch Worte er- bzw. zersetzt worden war; ich lernte schnell, diese neue Methode des Wissenserwerbs zu nutzen. Flüchtig empfand ich Trauer für das blonde Mädchen, denn ich wußte, wie sensibel Teenager sind und wie überwältigend die Probleme in diesen schwierigen Jahren erscheinen. Was auch immer sie dazu getrieben haben mochte, sich umzubringen – es war wahrscheinlich vorübergehend und lös-

bar. In ihrem kurzen Leben konnte es kaum etwas gegeben haben, das so schlimm war, daß es einen Selbstmord rechtfertigen würde.
Aber sie stellte keinen Kontakt zu mir her. Ihr leerer, ins Nichts gerichteter Blick wurde durch meine Gedanken über sie nicht abgelenkt. Sie war genauso wie die anderen, sie starrten verständnislos vor sich hin, ohne sich dafür zu interessieren, wo wir waren, ohne Neugierde. Sie waren tot, und ich genauso.
Dann kam ein *Wusch.* Plötzlich, als ob wir darauf gewartet hätten, daß eine Art Auswahlverfahren stattfindet, wurde ich von einer unsichtbaren, unbestimmten Macht weiter in die Dunkelheit hineingesogen. Ich ließ die Teenager hinter mir und flog aufrecht mit Überlichtgeschwindigkeit, wie ein Komet, der aus dem Nichts herausschießt. Ich spürte, daß ich mich schneller bewegte, als irgendein von Menschenhand fabriziertes Luftfahrzeug je fliegen könnte, empfand aber nicht die körperlichen Auswirkungen des Fliegens oder den Druck der Schwerkraft. Ich hatte weder ein Gefühl für die Temperatur, für die Kälte, die man im Weltraum erwartet, noch eine Möglichkeit, die Zeit einzuschätzen. Wahrscheinlich flog ich nur einen Sekundenbruchteil lang.
Aber wie weit war ich geflogen? Es konnte eine lange Strecke gewesen sein – Tausende von Kilometern vielleicht oder nur die Länge eines Fußballfelds, ich konnte es nicht beurteilen. Ich merkte nicht, daß das Trägheitsgesetz wirkte, daß ich langsamer wurde, als ich mich dem »Landeplatz« näherte, den ich erst sah, als

ich unmittelbar über ihm war. Im letzten Sekundenbruchteil, bevor meine Füße festen Boden zu berühren schienen, bekam ich ganz blitzartig einen flüchtigen Anblick von meinem Los – Menschenmassen, etwas, das aussah wie Tausende von Menschen auf Tausenden anderer Menschen, die sich unter mir drängten.

Ich landete am Rand einer dämmrigen Ebene und schwebte in der Dunkelheit, die sich erstreckte, so weit ich sehen konnte. Der Boden war fest, aber in schwarzen Nebel gehüllt, der um meine Füße waberte und auch die dichte, bis zur Taille reichende Barriere bildete, die mich festhielt. Der Ort war mit einer knisternden Energie gefüllt, die mich hyperwach und -sensibel machte. Wieder nahm ich meine Umgebung nicht durch körperliche Empfindungen wahr, sondern durch eine Art telepathischer Intuition. Der dichte, in sich feine Nebel besaß eine Masse – er schien aus Molekülen intensiver Dunkelheit zu bestehen – und konnte berührt und geformt werden. Sie war lebendig, diese Finsternis, und besaß eine Art von Intelligenz, die absolut negativ, ja böse war. Sie saugte an mir, zwang mich zu reagieren und verwandelte meine Reaktion dann in Angst und Grauen. Ich hatte in meinem Leben Schmerzen und Verzweiflung ertragen, die so groß waren, daß ich kaum noch handlungsfähig war, aber die drückende Qual dieser Beziehungslosigkeit war unvorstellbar.

Was war dieser Ort?

Ich wußte, daß ich in einem Bereich der Hölle war,

aber dies war nicht die typische »Feuer-und-Schwefel«-Hölle, von der ich als kleines Kind gehört hatte. In meinen Kopf schob sich, geflüstert, das Wort »Fegefeuer«.

Ein paar einfache Einrichtungsgegenstände standen herum. Ein uralter Toilettentisch mit einem ovalen Spiegel stand rechts von mir. Seine Oberfläche war dunkel und von der Zeit abgenutzt; auf jeder Seite hatte er zwei kleine Schubladen, die geschlossen waren. Es war merkwürdig, aber auch ohne die Schubladen zu öffnen, konnte ich sehen, daß sie leer waren. Hinter mir stand ein mit Schellack behandelter Holzstuhl; Sitz und Rückenlehne waren mit einem schweren Metallrahmen und Metallfüßen verschraubt, wie die Stühle, auf denen ich in der Grundschule gesessen hatte. Der Stuhl schien immer wieder aus dem Nebel aufzutauchen und dann in ihn zurückzusinken – wie ein Gespenst, das immer da, aber nur manchmal zu sehen ist. Ich wußte nicht, ob ich den Stuhl sehen konnte, wenn er wollte oder wenn ich mich anstrengte. Ich spürte, daß die molekulare Zusammensetzung von allem, was mich umgab – Möbel und Boden –, weniger dicht war als auf der Erde, so daß die Dinge hier weniger solide erschienen, obwohl sie viel realer, ja unzerstörbar waren. Alles war mit einer bestimmten Absicht hier plaziert worden. Der Stuhl hatte meinem Gefühl nach nichts mit meiner Situation zu tun, aber der Toilettentisch war ganz bestimmt für mich dorthin gestellt worden. Erst Jahre später erkannte ich seine Bedeutung.

Frauen und Männer jeden Alters, aber keine Kinder, standen, kauerten oder gingen herum. Manche redeten leise mit sich selbst. Alle, die ich sah, hatten Gesichtszüge, wie ich sie von Menschen aus dem Kaukasus kannte, aber auch sichtlich etwas Finsteres an sich, das kein äußeres Element war und etwa von ihrer Hautfarbe stammte. Das Finstere kam von innen und strahlte in einer Aura von ihnen ab, die ich spüren konnte. Sie waren völlig mit sich selbst beschäftigt und zu sehr in ihr eigenes Elend vertieft, als daß sie irgendeinen intellektuellen oder emotionalen Austausch begonnen hätten. Sie hatten die Fähigkeit, Kontakt zueinander herzustellen, aber die Finsternis behinderte sie.

Allmählich wurde ich mir eines kaleidoskopartigen Wirbels von Stimmen bewußt, und ich erkannte, daß die Kommunikation in diesem Reich mit Hilfe von Gedanken stattfand. Um mich herum hörte ich das Summen der Gedanken, als wäre ich in einem überfüllten, abgedunkelten Kinosaal und würde geflüsterte Gespräche auffangen. Es war schwierig, einzelne Gedanken zu unterscheiden, aber vor allem die einer Frau hoben sich ab. Sie war mittleren Alters, hatte eine hoch aufgebauschte Frisur und rechtfertigte sich immer wieder; es war, als würde sie mit den Geistern ihrer Vergangenheit reden und versuchen, einen Schuldigen zu finden. Ich hatte den Eindruck, daß sie schon seit Jahren dort war und immer wieder dieselben dumpfen, sinnlosen Worte wiederholte, die niemanden von uns interessierten. Ich hatte ganz klar den Eindruck, daß sie Selbstmord begangen hatte.

Ich spürte, daß ich nicht mehr ganz Frau war. Ich war »innerlich« derselbe Mensch, der ich vorher gewesen war – mein morbider Sinn für Humor, meine Neugierde, meine Persönlichkeit, meine Denk- und Gefühlsstruktur waren geblieben, und ich war mir auch bewußt, eine Frau zu sein –, aber meine Gestalt war irgendwie reduziert, nicht kleiner, aber weniger kompliziert gemacht worden. Ich dachte: Wenn ich an mir herunterschaue, werde ich feststellen, daß ich keine Brüste mehr habe. Der Abbau der Geschlechtlichkeit schien auch für die anderen um mich herum zu gelten. Jeder, den ich sah, trug schmutzigweiße Kleider. Die mancher Menschen waren stark verschmutzt, während die anderer nur ein paar Flecken aufwiesen. Ich weiß nicht genau, was ich trug. Ich ahnte, daß der Morgenmantel, den ich anhatte, als ich mich zum Sterben hinlegte, durch dunkle Kleidung ersetzt worden war, möglicherweise ein schwarzes Sweatshirt, das ich in diesem Winter oft getragen hatte. Es war fast so etwas wie das Kennzeichen meiner Depression geworden.

Neben mir saß ein Mann, der ungefähr sechzig Jahre alt zu sein schien. Sein Haar war grau, und irgendwie wußte ich, daß er blaue Augen hatte, obwohl hier alles schwarz und in verschiedenen Schattierungen von Grau erschien. Seine Augen waren völlig verständnislos. Als Bild des Jammers kauerte er auf dem Boden, in schmutzigweiße Gewänder gehüllt, und strahlte rein gar nichts aus, noch nicht einmal Selbstmitleid. Ich hatte das Gefühl, als ob er alles aufgenommen hätte, was es hier zu wissen gab, und beschlossen hätte, mit dem Denken aufzuhören. Er war völlig ausgezehrt; er wartete einfach. Ich wußte, daß seine Seele hier schon endlos lange vor sich hin dämmerte.

Plötzlich wurde mir klar, daß Termine, Uhren und eine feste Zeiteinteilung auf die starre irdische Welt beschränkt sind. In meinem finsteren Gefängnis konnte ein Tag genausogut tausend Tage wie tausend Jahre währen. Mir fiel ein, daß wir in der ganzen zivilisierten Welt auf die Sekunde genau wissen, wieviel Uhr es an irgendeinem Ort auf der Erde ist, und doch Menschen Hungers sterben lassen – obwohl wir die Mittel haben, dies zu verhindern. Seltsam, daß die Zeit uns so wichtig ist.

Ich war mir sicher, daß dieser Mann sich genauso selbst umgebracht hatte wie die Frau mittleren Alters. Seine Kleidung deutete darauf hin, daß er zur Zeit der Erdenmission Jesu Christi gelebt haben könnte. Ich fragte mich, ob er Judas Ischariot war, der den Heiland verraten und sich dann aufgehängt hatte. Das Gefühl, möglicherweise neben Judas Ischariot zu stehen, kam von mir und nicht von dem Mann. Ich dachte, ich müßte verlegen sein, weil ich diese Dinge in seiner Anwesenheit dachte, da er mich doch »hören« konnte. Auch wenn ich voll mit meinen eigenen Problemen beschäftigt gewesen war, hatte ich immer auf die Gefühle anderer Rücksicht genommen. Aber jetzt waren sie mir egal. Ich hatte nicht den Wunsch, ihm oder irgend jemand anderem gegenüber hilfsbereit oder auch nur höflich zu sein.

Als mein Verstand nach mehr Informationen verlangte, empfand ich eine riesige Enttäuschung. Ich schien meine gesamte Gehirnkapazität zu nutzen. Ich konnte alles um mich herum spüren und wissen, indem ich einfach in meinem Kopf eine Frage stellte oder in irgendeine Richtung blickte. Ich konnte unendlich viel erfahren, aber ich hatte keine Bücher, kein Fernsehen, keine Liebe, keine Privatsphäre, keinen Schlaf, keine Freunde, kein Licht, kein Wachstum, kein Glück und keinen Trost – ich brauchte kein Wissen zu erwerben, denn ich hatte keine Möglichkeit, es anzuwenden.

Aber noch schlimmer war mein wachsendes Gefühl, ganz allein zu sein. Wenn man die Wut eines Menschen erlebt, ist das zwar unangenehm, aber doch eine Form spürbarer Verbundenheit. In dieser leeren Welt hingegen, in der kein Kontakt möglich war, herrschte eine entsetzliche Einsamkeit.

Ich sehnte mich nach meinen Kindern und wollte nach Hause laufen, aber solche Gedanken schienen mir zwecklos. Die Finsternis hatte mich vereinnahmt, und ich wurde bald wie die anderen hier. Und ich würde unfaßbar lange hier bleiben. Dies war der Ort, an dem die Hoffnung erstarb.

14

Dann hörte ich die Stimme einer ehrfurchtgebietenden Macht; sie war nicht laut, aber sie fegte über mich hinweg wie eine riesige Klangwelle. Die Stimme enthielt eine so wilde Wut, daß sie mit einem Wort das Universum zerstören konnte, aber auch eine so starke und unerschütterliche Liebe, daß sie wie die Sonne der Erde Leben zu geben vermochte. Ich duckte mich angesichts ihrer Gewalt und ihrer quälenden Worte: »Ist es das, was du wirklich willst?« Die erhabene Stimme ging von einem Lichtpunkt aus, der bei jedem Donnerwort größer wurde, bis er wie eine strahlende Sonne hinter der schwarzen Nebelwand hing, die mein Gefängnis bildete. Obwohl das Licht sehr viel strahlender war als die Sonne, beruhigte sein tiefes, rein weißes Leuchten meine Augen. Ich ahnte, daß es die Grenze zur Finsternis nicht überqueren konnte (oder vielleicht nicht wollte – da war ich mir nicht sicher). Und ich wußte mit absoluter Gewißheit, daß ich in der Gegenwart Gottes war.

In dem Strahlen sah ich jetzt die Gestalt eines Mannes, der in wogende, atemberaubend weiße Gewänder gekleidet war. Perlenschimmerndes, prachtvolles Haar floß von einem edlen, gerundeten Nacken auf seine Schultern. Er war ein Lichtwesen im wahrsten Sinne des Wortes: Er strahlte nicht nur Licht aus oder wurde von ihm von innen erhellt, sondern schien aus dem Licht zu bestehen. Es war ein Licht, das Substanz und Dimension besaß, die wunderschönste, herrlichste Substanz, die ich je gesehen hatte.

Ich spürte, daß von dem Licht Liebe zu mir ausging, und das verwirrte mich. Ich hatte nie das Gefühl gehabt, als würde ich die Liebe Gottes verdienen. Jedesmal wenn ich einen Hinweis darauf erhalten hatte, daß er seine Hand über mein Leben gehalten hatte, war ich davon ausgegangen, daß ich als zufällig ebenfalls Anwesende profitiert hatte, weil ein anderer Mensch in meinem Leben, jemand, der besser war und es mehr verdiente, Gottes Segen erhalten hatte; auf diese Weise war ein bißchen von Gottes Liebe zufällig auch an mir hängengeblieben. Man hatte mich gelehrt, daß Gott all seine Kinder und all seine Geschöpfe liebt. Natürlich teilte ich Gottes Geschöpfe in Kategorien ein und nahm an, daß wir alle unser Päckchen zu tragen haben. Ich hatte mich dabei für so wichtig gehalten wie die Bäume und Fische und sah jetzt, daß ich meine Fähigkeit begrenzt hatte, seine Gegenwart und seine Anteilnahme an mir zu spüren. Ich hatte meine Wichtigkeit und das Wesen meiner Herkunft grob unterschätzt – ich bin buchstäblich die geistige Nachkommenschaft Gottes.

Ich sah sogar aus wie er. Ich war überrascht, daß er wirklich einen Körper mit Armen und Beinen und Gesichtszügen wie meine hatte, und ich fixierte mich sofort auf seine Nase. Der Nasenrücken hatte einen

Höcker und verjüngte sich zu einem spitzen Punkt wie bei den Nasen, die man auf griechischen Vasen findet. Ein ungewöhnliches Merkmal von mir ist, daß ich ebenfalls einen Höcker auf dem Nasenrücken aufweise, den ich von meiner Mutter geerbt habe. Als ich die Gesichtszüge Gottes studierte, stellte ich verwundert fest, daß das, was ich in der Kirche und aus der Bibel gelernt und für bildlich bzw. symbolisch gehalten hatte, anscheinend wörtlich zu verstehen war. Unser Körper ist tatsächlich nach seinem Bild geschaffen. Diese Erkenntnis war überwältigend.

Wahrscheinlich wegen des strahlendweißen Lichts kam Gott mir wie ein alter Mann ohne Falten und mit einem jungen, starken Körper vor. Die Schultern waren breit, der Brustkorb gut entwickelt. Die Arme waren stark und die Muskeln deutlich sichtbar. Das scharfgeschnittene Gesicht war kräftig und vollkommen und erhielt durch einen großen weißen Bart etwas Weiches. Noch eindrucksvoller als die körperlichen Charakeristika war für mich jedoch das Licht, das von ihnen ausging. Alle Schönheit, alle Liebe, alle Güte waren in dem Licht enthalten, das von seinem Wesen ausströmte.

Einen Schimmer dieses Lichts habe ich seitdem in den Herrlichkeiten der Natur entdeckt und Teile von ihm in Menschen, die lieben, ohne zu urteilen, und die geben, ohne etwas zurückzuerwarten. Gelegentlich habe ich die Anwesenheit von Lichtgeistern gespürt, und es ist diese Art von Licht, die von ihnen ausgeht. Aber nichts, was wir uns vorstellen können, kommt dem Ausmaß der vollkommenen Liebe nahe, die dieses Wesen in mich einfließen ließ. Ich war gebannt von seiner Schönheit. Aber obwohl Gott mich mit Verwunderung und Ehrfurcht erfüllte, war ich sicher, daß ich ihm nicht zum erstenmal begegnete. Er war mir so vertraut. Obwohl ich mich nicht an Einzelheiten eines Lebens vor meiner irdischen Geburt erinnerte, kam mir die Ahnung von einem Leben, das ich mit dem Vater gemeinsam hatte, einem Leben im Geiste, das sich bis zum Beginn des Universums zu erstrecken schien.

Ich sah, daß niemand sonst auf der Ebene die Gegenwart Gottes bemerkte. Der Mann, der neben mir kauerte, konnte sehen, daß ich mich auf etwas konzentrierte, aber offenbar konnte er nichts hinter der Barriere erblicken. Andere redeten ahnungslos weiter.

Dann sprach Gott zu mir. Seine Worte schmerzten. »Ist es das, was du wirklich willst?«

Natürlich wollte ich nicht von meiner Familie und den Menschen, die mich liebten, getrennt sein, aber ich hatte keine andere Wahl. Ich hatte bei allem versagt, was mir wirklich wichtig war; ich hatte auch versucht, den Lauf meines Lebens zu ändern, was katastrophale Folgen gehabt hatte. Der Punkt war meines Erachtens nicht, was ich wollte, sondern zu was ich fähig war. Ich war unfähig zum Erfolg, und den Schmerz der Mißerfolge konnte ich nicht länger ertragen. Ich hatte das Gefühl, an diesen finsteren Ort zu gehören.

Jetzt explodierte seine Stimme vor Energie. »Weißt du nicht, daß es das Schlimmste ist, was du tun konntest?« Ich spürte seine Wut und seine Enttäuschung – weil ich aufgegeben und mich von ihm und seiner Anleitung abgewandt hatte. Ich stand da mit demselben steinernen Gesicht, das ich als Teenager bei Jo-Annes Strafpredigten anläßlich meiner schlechten Schulnoten aufgesetzt hatte – die, wie sie und Vater warnend meinten, meine späteren Möglichkeiten stark einschränken würden. Damals konnte ich mir ein Leben nach der High-School kaum vorstellen, und als Erwachsene ging es mir, wenn ich an die Zukunft dachte, oft ähnlich. Ganz gewiß hatte ich mir nicht vorgestellt, daß ich auch nach meinem Tod unter den Folgen meines Tuns zu leiden hätte.

Ich hatte das Gefühl, in der Falle zu sitzen. Ich hatte keine andere Möglichkeit gesehen, als zu sterben, bevor ich im Leben noch mehr Schaden anrichten konnte. Also antwortete ich: »Aber mein Leben ist so schwer …«

Meine Gedanken wurden so schnell mitgeteilt, daß ich sie noch nicht ganz beendet hatte, als ich auch schon seine Antwort aufnahm: »Du meinst, das war schwer? Es ist nichts im Vergleich zu dem, was dich erwartet, wenn du dir das Leben nimmst.«

Wenn der Vater sprach, explodierte jedes seiner Worte in einen Komplex von Bedeutungen, wie ein Feuerwerk, wie winzige Lichtbälle, die in Milliarden Informationseinheiten zerbrachen und mich mit Strömen lebendiger Wahrheit und reinen Verständnisses erfüllten. »Das Leben ist immer schwer. Du kannst nicht Teile überspringen. Wir haben es alle hinter uns gebracht. Was du bekommst, mußt du dir verdienen.«

Plötzlich spürte ich eine andere Präsenz bei uns – dieselbe, die zu Beginn meines Übergangs in den Tod bei mir gewesen war und sich mein Leben mit mir angesehen hatte. Ich erkannte, daß er die ganze Zeit bei uns gewesen war, ich aber erst jetzt fähig wurde, ihn wahrzunehmen. Dann spürte ich seine machtvolle und doch sanfte Persönlichkeit, und zwar so stark, daß ich jetzt sogar seine Form bestimmen konnte. Ich sah Teile von Licht, die durch die Finsternis drangen, wie winzige Laserstrahlen, die ein schwarzes Blatt Papier durchlöchern, oder wie Sterne, die in einer schwarzen, wolkenlosen Nacht blinken. Manche Sterne leuchten stärker als andere, und einige sind kaum wahrnehmbar; ebenso waren einige Lichtflecken, die die Finsternis durchdrangen, für mich nicht ganz zu sehen. Ich mußte mich dazu wirklich anstrengen. Das Licht leuchtete unverkennbar genauso wie das wundervolle Licht, das vom Vater ausging, aber meine geistigen Augen waren nicht in der Lage, es ganz anzublicken. Meine Fähigkeit, mit meinen Augen zu sehen, war irgendwie mit meiner Bereitschaft zu glauben verknüpft.

Die Lichtstrahlen durchdrangen mich mit unglaublicher Kraft, mit der Gewalt einer allesverzehrenden Liebe. Diese Liebe war so rein und mächtig wie die des Vaters, hatte aber eine ganz neue Dimension reinen Mitgefühls, vollständigen und vollkommenen Einfühlungsvermögens. Ich spürte, daß er mich und meine

Schmerzen nicht nur genau verstand – so, als hätte er mein Leben gelebt –, sondern daß er auch genau wußte, wie er mich durch das Leben hindurchleiten konnte und meine Entscheidungen zu mehr Bitterkeit oder neuem Wachstum führen würden. Nachdem ich mein ganzes Leben lang geglaubt hatte, es würde sowieso niemand verstehen, was ich mitgemacht hatte, erkannte ich nun, daß es ein anderes Wesen gab, welches ebendies doch tat.

Dieses Mitgefühl war von tiefem Kummer durchzogen. Das Leid, das ich ertragen hatte, tat ihm weh, aber mehr noch bekümmerte ihn, daß ich nicht seinen Trost gesucht hatte. Sein größter Wunsch war, mir zu helfen. Er beklagte meine Blindheit genauso, wie eine Mutter ein totes Kind betrauern würde. Plötzlich wußte ich, daß ich in der Gegenwart des Heilands der Welt war.

Durch den Schleier der Finsternis sprach er zu mir. »Verstehst du nicht? Ich habe es für dich getan.« Als seine Liebe und das Leid, das er für mich getragen hatte, mich überfluteten, wurden meine geistigen Augen geöffnet. Ich begann genau zu sehen, was der Erlöser getan hatte, wie er sich für mich geopfert hatte. Er zeigte es mir; er hatte mich in sich aufgenommen, mein Leben in seins eingeschlossen, sich meine Erfahrungen, mein Leiden zu eigen gemacht. Und so war ich einen Augenblick lang in seinem Körper, sah die Dinge aus seiner Sicht und hatte sein Bewußtsein. Er ließ mich ein, damit ich selbst sehen konnte, wie er meine Lasten auf sich genommen hatte und wie sehr er mich liebte.

Und ich wußte, wo ich geirrt hatte. Ich hatte an seiner Existenz gezweifelt. Ich hatte die Gültigkeit der Bibel in Frage gestellt, weil das, was sie behauptete, zu schön schien, um wahr zu sein. Ich hatte gehofft, die Vorstellung von einem Erlöser, der sein Leben für mich gab, wäre wahr, aber ich hatte Angst gehabt, es wirklich zu glauben. Um zu glauben, ohne zu sehen, braucht man sehr viel Vertrauen. Mein Vertrauen war so oft mißbraucht worden, daß nicht mehr viel übrig war. Und deshalb hatte ich mich so fest an meinen Schmerz geklammert, daß ich eher bereit war, mein Leben zu beenden, als meine Last abzugeben und so zu handeln, als könnte es einen Erlöser geben. Er wollte mich trösten und halten, aber meine Reaktionen auf die Lektionen des Lebens trennten uns. Er war schon mein ganzes Leben hindurch für mich dagewesen, aber ich hatte ihm nicht vertraut.
Jetzt verstand ich, daß der Erlöser ganz in mich hineinsah und wie die Ereignisse meines Lebens zu soviel Leid geführt hatten. Ich hatte nicht nur das Gefühl, daß er mein Leben und meinen Schmerz genau kannte, so als hätte eigentlich er mein Leben gelebt, sondern auch, daß er alles wußte, was mit mir zusammenhing. Er wußte, wie er mich durch die Tücken des Lebens geleiten konnte. Er kannte meine Zukunft und wußte, wie meine Entscheidungen zu mehr Bitterkeit oder mehr Wachstum führen würden, je nachdem, was ich wollte und zu was ich bereit war. Da ich mein ganzes Leben lang gedacht hatte, niemand könnte verstehen, was ich durchgemacht hatte, wußte ich jetzt, daß es

ein anderes Wesen gab, das wirklich alles verstand. Seine Liebe umgab mich, taute mich auf und schwemmte alle noch verbliebenen Gefühle der Wertlosigkeit aus mir heraus.
Als ich aus der Sicht des Erlösers sah, wurde sein Verständnis meiner mißlichen Lage auf den Vater übertragen. Aus meiner neuen Perspektive sah ich Gott im Profil, wie er auf meine Gestalt schaute. Die Kommunikation zwischen Vater und Sohn war so schnell, so vollkommen, daß sie die Gedanken des anderen gleichzeitig zu denken schienen. Jesus trat als mein Fürsprecher auf. Dabei gab es keinen Konflikt, keinen Streit; die Einsichten Jesu wurde ohne Disput akzeptiert, weil er alle Zusammenhänge kannte. Er war der vollkommene Richter. Er wußte genau, wo ich im Verhältnis zu meinem Bedürfnis nach Gnade und dem Bedürfnis des Universums nach Gerechtigkeit stand. Ich sah jetzt, daß alles Leid meines irdischen Lebens vorübergehend sein würde und in Wirklichkeit zu meinem Besten war. Unsere Leiden auf Erden müssen nicht zwecklos sein. Auch die tragischsten Umstände lassen Menschen wachsen.
Das Leiden an diesem Ort, diesem Fegefeuer, diesem höllenähnlichen Zustand, war anders – sinnlos, überflüssig, erstickend. Dies war wirklich die Höllenqual – eine nutzlose und endlose Pein, die mich erwartete, weil ich mir das Leben genommen hatte. Aber ich sah noch nicht, wie ich mich vor dem treibenden Strom der Ereignisse hätte schützen können, die mich geformt und zu dem Punkt der Verzweiflung geführt

hatten, an dem Selbstmord die einzige Lösung zu sein schien.
Der Vater unterbrach meine Gedanken. »Ich habe dir gesagt, wie du es schaffen kannst.« Und blitzartig fiel mir das Büro meines Geistlichen und der Ratschlag ein, dessen Befolgung er im voraus von mir verlangt hatte. »Wenn du die Bibel liest und betest …«
Wie ein Narr, der unwissend einen unbezahlbaren Renoir zusammen mit normalem Trödel auf dem Speicher versteckt, hatte ich den Schlüssel zum Leben nicht erkannt, der auf meinem Bücherregal verstaubte. Machtvolle Wahrheiten sind in der Bibel enthalten, und weil ich sie nicht ganz verstanden oder geglaubt hatte, war ich über sie hinweggegangen. Ich betrachtete die Bibel als mysteriöse Botschaft für spirituell Auserwählte, die das besondere Vorrecht erhalten hatten, sie zu verstehen. Und oft begrenzte ich selbst mein Verständnis und dachte, die Botschaften in der Bibel wären widersprüchlich oder veraltet. Ich hatte ihren Bezug zu den Problemen meines Lebens nicht gesehen.
Da ich mich von Gott verlassen fühlte und glaubte, seine Anleitung nicht zu verdienen, hatte ich mich nach innen gewandt und auf der Suche nach einem Ausweg mich selbst zerfleischt. Ich hatte mich von der Welt abgeschnitten. Meine Gespräche mit Menschen gaben nie meine wahren Gefühle wieder. Ich war reserviert und ließ niemanden meine Innenwelt sehen. Meine gesamte emotionale Energie war darauf ausgerichtet, zu überleben, mich über Wasser zu halten, bis

ich feststellte, daß ich jeden Tag weniger Energie, weniger Lebenswillen hatte.

Ich sah jetzt, daß das Gebet der Schlüssel ist, um die Wahrheiten zu entdecken, die in Gottes geschriebenem Wort enthalten sind. Die Bibel ist das Lehrbuch, aber Gott ist der Lehrer. Ohne seine Anleitung geht viel von seiner geschriebenen Wahrheit verloren, weil wir sie interpretieren. Wir alle sind Schüler, und wenn der Schöpfer des Werks seine Symbolik nicht erklärt, erfassen wir sie manchmal einfach nicht.

In dieser vernünftigen, endlichen Welt, in der greifbare Beweise wichtiger sind als »Empfindung« oder »Gespür«, hatte ich versucht, alles in konkrete Bilder zu pressen, damit es mich nicht bedrohte. Aber jetzt erkannte ich, daß die Bibel mich stärken konnte, wenn ich nur die Kraft ihrer Einfachheit akzeptierte.

15

Als Gott der Vater und Jesus mich lehrten, nahmen ihre Worte Kraft und Geschwindigkeit auf und verschmolzen dann, so daß sie im selben Augenblick dasselbe sagten. Sie hatten eine Stimme, einen Verstand und eine Absicht, und ich wurde mit reinem Wissen überschwemmt.

Ich erfuhr, daß genauso, wie es die Naturgesetze gibt – Gesetze der Physik und Wahrscheinlichkeit –, auch geistige Gesetze existieren. Eines dieser geistigen Gesetze lautet, daß wir alles, was wir anderen antun, mit eigenem Leid bezahlen müssen. Ich war mir schmerzlich des Leids bewußt, das ich meiner Familie und anderen Menschen durch meine Schwäche angetan hatte. Aber jetzt sah ich, daß ich durch meinen Selbstmord das Gewebe der Verbindungen von Menschen auf der Erde zerstörte, das Leben von Millionen möglicherweise einschneidend veränderte, denn wir alle sind untrennbar miteinander verbunden, und die negative Auswirkung einer Entscheidung wird auf der ganzen Welt empfunden.

Meine Kinder würden durch meinen Selbstmord sicher schwer geschädigt. Mir wurde ein flüchtiger Blick in ihre Zukunft gewährt, nicht auf die Ereignisse ihres Lebens, sondern eher auf die Energie und den Charakter, den ihr Leben haben würde. Dadurch, daß ich meine irdische Verantwortung aufgab, würde ich meine Kinder beeinflussen und vor allem meinen ältesten Sohn zu Entscheidungen veranlassen, die ihn von dem entfernen würden, was Gott mit ihm vorhatte. Mir wurde gesagt, daß Alex vor seiner Geburt damit einverstanden gewesen war, während seines Lebens auf Erden bestimmte Aufgaben zu erfüllen. Seine Mission wurde mir nicht offenbart, aber ich spürte die Energie, die sein Leben bis ins junge Erwachsenenalter haben würde. Ihm war ganz klar eine Rolle übertragen worden, die auf das Leben vieler Menschen bedeutende Auswirkungen haben würde. Ich wußte, daß der Schmerz über meinen Tod an ihm zehren, ihn herunterziehen und alle Hoffnung und alles Gute in ihm zerstören würde. Ohne mich würde er seine Aufgaben auf Erden möglicherweise nicht erfüllen können.

Das Leben meines Sohns Jacob war anders, denn er erledigte bereits einen heiligen Auftrag für Gott. Mir wurde gezeigt, daß ich ihn kannte und liebte, bevor ich geboren wurde, und daß er sich entschieden hatte, als mein Sohn auf die Erde zu kommen. Durch diese Entscheidung hatte er ein enormes Risiko auf sich genommen. Als ich mit ihm schwanger war, hatte der Fortbestand meiner Ehe an einem seidenen Faden gehangen. Die Scheidung schien bevorzustehen, und Schuldgefühle über meine Lebensführung drückten mich nieder. Ich war ein emotionales Wrack und hielt mich für eine schreckliche Mutter. In einer Nacht war meine Verzweiflung so groß, daß ich mit einer geladenen Schrotflinte in den Hinterhof ging und sie gegen meine Mandeln preßte. Wegen des Lebens, das in mir heranwuchs – Jacob –, konnte ich den Auslöser dann doch nicht betätigen.

Die Liebe und die Freundlichkeit meiner Schwiegermutter hatten mir in dieser Zeit sehr geholfen. Sie kam am vorgesehenen Entbindungstermin an und konnte eine Woche bleiben. Sie war gekommen, um mir bei dem neuen Baby zu helfen, und kittete unwissentlich den Riß zwischen mir und Richard. Er hatte Schichtdienst, und deshalb blieb den beiden sehr wenig Zeit zum Reden.

Die ganze Woche über hatte ich Kontraktionen, aber die richtigen Wehen setzten nicht ein. Als Richard dann seine Mutter zum Flughafen fuhr, bekam ich eine Welle von so schnellen und heftigen Wehen, daß ich kaum am Telefon wählen konnte. Jacob wurde eine halbe Stunde später geboren, während Richard und seine Mutter am Flughafen saßen und sich zum erstenmal seit langer Zeit sinnvoll unterhielten. Sie riet ihm liebevoll, bei seiner Familie zu bleiben, Geduld mit mir zu haben. Wenn Jacob früher gekommen wäre, hätten Richard – und ich – sicher nicht von ihrer Weisheit profitiert.

Deshalb kam Jacob als Botschafter der Liebe zu mir. Er kam, um mir einen Grund zu geben, auf dem dünnen Seil des Lebens ein – wenn auch instabiles – Gleichgewicht zu halten. Er hatte die Wahl gehabt, darauf zu warten, daß ich reifer wurde, oder eine andere Mutter auszusuchen; aber er hatte auf die Sicherheit verzichtet, um mir zu helfen. Das war alles, was mir zu seinem Leben mitgeteilt wurde. Ich weiß nicht, ob sein Leben hier kurz sein wird oder ob seine späteren Aufgaben durch meinen Tod gefährdet worden wären; ich durfte nur einen flüchtigen Blick auf seine Kindheit werfen. Mir wurde gesagt, daß meine Kinder große und machtvolle Seelen seien und ich sie bis zu diesem Punkt in meinem Leben nicht verdient hätte. Ich bekam eine flüchtige Ahnung davon, wie sehr Gott meine Jungen liebt und wie sehr ich durch meine gefühllose Mißachtung des Lebens in den heiligen Willen Gottes hineinpfuschte.

Dann wurde mir gezeigt, wie ich durch meinen Selbstmord anderen Menschen schaden würde, die mir nahestanden, meinem Mann etwa und meiner Schwester Toni; und durch den Schneeballeffekt würden zahllose andere Menschen auf der Erde, denen ich nie begegnet war, durch meinen Selbstmord beeinflußt werden. Weil geliebte Menschen wegen mir wütend und verletzt sein würden, könnten sie das Gute, das sie eigentlich an andere hätten weitergeben sollen, nicht vermitteln. Ich wäre verantwortlich für die Schäden, die sie anrichten würden, bzw. für das nicht getane Gute. Und ich würde teuer dafür bezahlen, denn die geistigen Gesetze sehen vor, daß alle Schäden – und auch nicht ausgeführte gute Taten –, die sich aus meinem Tod ergeben, durch Leiden bestraft werden. Auch wenn ich den Schneeballeffekt, den mein Tod auslöste, nicht vorhersehen konnte, würde ich für ihn zur Rechenschaft gezogen werden. Auch Gott ist an die geistigen

Gesetze gebunden, und deshalb konnte es für mich kein Entrinnen geben.
Und mir wurde gezeigt, daß die Ebene der Finsternis für mich so etwas wie ein spirituelles »Aus« war, ein Ort, an dem ich die Schwere meiner Vergehen einsehen und den Preis für sie bezahlen sollte. Aber ich mußte fragen: Warum ich? Warum konnte ich Gott sehen, während die leere Hülse des Mannes neben mir nicht dazu imstande war? Warum nahm ich Licht auf und wurde belehrt, während er in Elend und Finsternis dahinvegetierte?
Mir wurde gesagt, daß der Grund die Bereitschaft ist. Als ich den Mann zum erstenmal gesehen und mich gefragt hatte, ob er zur Erdenzeit Jesu gelebt haben mochte, zeigte dieser Gedanke, daß ich *bereit* war, an Gott zu glauben, bereit zu glauben, daß Christus einmal auf Erden gewandelt war. Und sobald ich bereit war zu glauben, war ich fähig zu sehen. Bereitschaft und Fähigkeit sind dasselbe. Überall um mich herum auf der dunklen Ebene waren Menschen, deren Bereitschaft, Verständnis und Fähigkeit zu begreifen, daß Jesus Christus immer bei uns ist, unterschiedlich war. Ich weiß nicht, ob die anderen mit Gott so redeten wie ich oder ob sie zu anderen Boten des Lichts sprachen, die ich noch nicht sehen konnte, aber ich bin sicher, daß nicht alle nur mit sich selbst sprachen. Und ich begriff, daß meine spirituelle »Auszeit« einen Augenblick oder Tausende von Jahren dauern konnte, je nachdem, wann ich bereit war, das Licht zu sehen.
Und was ist mit dem geistigen Gesetz, das von mir

verlangte, für den Schaden zu büßen, den ich im Leben bis jetzt bereits angerichtet hatte, einschließlich meines Selbstmords? Mir wurde gesagt, daß die Schuld schon bezahlt, das Opfer schon gebracht war. Im Garten Gethsemane hatte Jesus Christus alles Leiden erlebt, das im Leben irgendeines auf dieser Erde geborenen Menschen je eingetreten ist oder eintreten wird. Er hat mein Leben gelebt, meine Sünden getragen, meinen Schmerz übernommen. Aber damit die Qualen, die Jesus für mich erduldet hatte, zählten, damit er bei der Erfüllung dieses geistigen Gesetzes meinen Platz einnehmen konnte, mußte ich sein Geschenk annehmen.

Mir brach das Herz, als ich erkannte, daß ich nicht nur meiner Familie weh getan hatte, die zu den geliebten Kindern Gottes zählt, sondern auch meinem Heiland, der eine so allumfassende Liebe, ein so allumfassendes Mitgefühl für mich aufbrachte – und das nur, weil ich zugelassen hatte, daß die Schwäche anderer Menschen mich formte.

Wie andere uns formen, wurde mir so gezeigt: Alles besitzt schöpferische Kraft, sogar der Löwenzahn in meinem Hinterhof. Eine einzige Löwenzahnpflanze ist kaum eine Bedrohung, aber wenn sie zu lange stehengelassen wird, verbreiten sich die winzigen Samen. Neues »Unkraut« sprießt, das seine Samen verstreut, und der Kreislauf geht weiter. Ansteckende Krankheiten verbreiten sich genauso, und auch alle geistigen Dinge folgen diesem Muster. Wenn wir die Liebe hegen und pflegen, schlägt sie in der Seele Wurzeln. Sie wächst und reift und erzeugt neue Samen, die sich im Leben der Menschen verbreiten, mit denen wir in Kontakt kommen. Und der Kreislauf setzt sich fort.

Manche Samen gehen zugrunde, wenn sie auf unfruchtbaren Boden fallen. Wir sind die Betreuer des Bodens und stellen den Boden her, der für das Kraut, das wir wachsen lassen wollen, am geeignetsten ist. Manche von uns sind umsichtige Gärtner, die alle störenden und potentiell gefährlichen Kräuter ausreißen, so daß viel Platz für Gutes bleibt, Dinge, die bewußt gepflanzt und umsorgt werden. Andere von uns sind ein bißchen nachlässig und nicht systematisch genug dabei, das Schlechte zu entfernen und das Gute zu ernten. Noch andere sind schlechte Bodenbesteller; sie schaffen die perfekte Brutstätte für zerstörerische Unkräuter, die die gesamte erwünschte Vegetation verdrängen. Ich gehörte zur letzten Gruppe.

Wie im Nebel war ich durchs Leben gewandert und griff hier und da ein bißchen auf. In oberflächlichen Talk-Shows angerissene Weltanschauungen, voneinander abweichende Lehren und Meinungen waren ein Dünger gewesen, der mir nicht guttat. Ich hatte nicht gelernt, das Gute vom Schädlichen zu trennen, und deshalb war die Realität, die ich als Wahrheit akzeptierte, so verworren, daß das Gute nicht wiederzuerkennen war. Der Boden meines Gartens war für gesunde Pflanzen nicht günstig. Schlimmer noch: Ich hatte methodisch alle guten Keimlinge ausgerissen und die Unkräuter gehegt.

Ein Unkraut zum Beispiel, das ich hegte, war aus dem

Samen des Unglücks meiner Stiefmutter gewachsen. Sie war mit Migräne und zahlreichen emotionalen Problemen geschlagen, die das Ergebnis einer schmerzlichen Kindheit waren. Sie erwartete von uns Kindern ein jederzeit tadelloses Verhalten. Als ich einmal krank von der Schule nach Hause kam, versuchte ich, den Fernseher einzuschalten, der in mein Zimmer gerollt worden war, damit ich im Bett Beschäftigung hatte. Nichts tat sich. Ich ging zu meiner Stiefmutter, die steif und fest behauptete, ich hätte ihn kaputtgemacht; auch wenn ihre Worte mit der Zeit verblaßt sind, kann ich ihre negative Energie immer noch spüren. Als sie damit fertig war, mich auszuschelten, ging ich in die Küche, um mir einen Toast zu machen, und als meine Stiefschwester mir die Brotscheibe gab, ließ ich sie fallen. War es meine Krankheit, der Streß wegen der bereits erhaltenen Schelte oder meine Angst, Probleme zu bekommen, weil ich eine Scheibe Brot vergeudet hatte – ich wurde bewußtlos, fiel gegen die Wand und stieß mit dem Kopf an einen Keramikübertopf, der zerbarst.

War die Wut meiner Stiefmutter ungerecht? Ja. Aber dadurch, daß ich mir diese dunkle Energie nach und nach zu eigen machte, hegte ich ein schädliches Kraut. Der Boden, den meine Unkräuter liebten, war durch die Unwahrheit verdorben, die ich in bezug auf mich akzeptiert hatte – daß ich irgendwie darum gebeten hatte, verletzt zu werden. Ich hatte Menschen, die andere mißbrauchten, mein ganzes Leben lang beschützt und mich deshalb für eine Mitverschwörerin gehalten. Auf diesem Boden konnten all meine negativen Gedanken über mich ungehindert aufblühen und meinen Garten überschwemmen. Ich hatte ihnen erlaubt, das Licht in mir fast völlig zu verdrängen.

Bevor ich mir das Leben nahm, hatte ich eine emotionale Krise, die mich zwang, mich ehrlich anzusehen. Nach intensiver Prüfung kam ich zu dem Schluß, daß andere, nicht ich, für ihre schädlichen Taten verantwortlich waren, daß ich sie nicht ausgelöst hatte. Dadurch hatte ich einen Mangel meines Bodens korrigiert, aber ich schloß den Denkprozeß nicht ab: Ich sah nicht, daß ich dieser Logik zufolge für den Schmerz verantwortlich bin, den ich anderen zufüge. Und so keimte die Wut über die fast vergessenen Feinde meiner Vergangenheit und ließ eine neue Ernte von Lügen wachsen. Alle negativen Gefühle, die ich bereitwillig übernommen hatte – Haß, Selbstmitleid, Egoismus, der ganze Rest –, waren um mich herum gewachsen; ihr wie ein Weinstock gewundener Stamm schlang sich um mich und griff auch auf jeden in meiner Umgebung über, besonders auf die Menschen, mit denen ich die meiste Zeit verbrachte, meine Kinder.

Einen klaren Beweis für diese »Ansteckung« erhielt ich in der Zeit, in der ich von Richard getrennt war. Ich lebte in Südkalifornien und arbeitete nachts als Kellnerin. Ich wechselte mich im Babysitten mit einer Freundin ab, die tagsüber arbeitete und ebenfalls von ihrem Mann getrennt war. Ich holte ihre Jungen ab, wenn ich morgens von der Arbeit kam, und paßte den ganzen Tag auf sie auf, bis ich abends alle vier Jungen

bei ihr ablieferte. Es war eine tolle Vereinbarung. An einem Nachmittag nahm ich alle Kinder in ein Fastfood-Restaurant mit, und mein Sohn hatte einen seiner üblichen Wutanfälle. Alex war damals knapp zwei Jahre alt, und ich dachte, sein Alter wäre an seinen ständigen Ausbrüchen schuld. Aber einer der Söhne meiner Freundin fragte: »Warum macht er das?« Ich antwortete: »Na ja, er ist eben gerade in der Phase. Er macht das immer.« Der Junge sagte: »O nein, bei uns zu Hause nicht.«
Mein Sohn reagierte also auf seine Umgebung. Ich und mein verantwortungsloses Leben machten ihm angst. Er hatte sich von den Ausläufern meiner Reben fesseln lassen.
Reue überfiel mich, als ich über die Zeiten und Gelegenheiten nachdachte, die ich vergeudet, und die Leben, die ich beeinflußt hatte. Ich sah jetzt, daß wir den Boden – den Geisteszustand – schaffen, in dem wir die nährende Kraft des Geistes Gottes, das Licht, anzapfen können; oder wir kultivieren eine persönliche Atmosphäre, die das Gute erstickt und die Finsternis fördert. Ich verstand allmählich die Eigenschaften von Dunkelheit und Licht.

16

Die Wissenschaft weiß natürlich, daß Licht alle Farben enthält, auch Farben an beiden Enden des Spektrums, die dem bloßen Auge nicht sichtbar sind. Genauso wie der Regenbogen lediglich einen kleinen Ausschnitt des sichtbaren Lichts wiedergibt, ist das Licht, das wir mit unseren physischen Augen sehen, nur ein dünnes Band innerhalb des breiten Lichtspektrums, das existiert. Die ganze Breite des Lichts, des Lichts Gottes, enthält unvorstellbare Farben und reicht in unermeßliche Tiefen. Das Licht ist mehrdimensional und ebenso die Finsternis. Licht ist die innerste Substanz von allem, was gut ist – Schönheit, reine Liebe, Wahrheit, Wissen, Opfer, Anteilnahme an anderen und so weiter. Bosheit, Perversionen, Verdorbenheit, Haß und Apathie, Impulse, die uns dazu treiben, anderen weh zu tun, die Lügen, die wir erzählen, die verletzenden Worte, die wir wie Dolche werfen – all dies sind Aspekte der Finsternis. Finsternis ist nicht nur die Abwesenheit von Licht. Sie ist die Energie, aus der das Böse besteht.

Mit meinen spirituellen Augen konnte ich leicht sehen, daß Finsternis und Licht buchstäblich materielle Elemente sind und alles in der Schöpfung eine spirituelle Seite hat, die voll Finsternis oder voll Licht ist.

Als ich in der Dunkelheit vor Gott und seinem Sohn stand, sah ich ganz deutlich, daß jedes dieser beiden Wesen einen eigenen Körper und einen eigenen Geist hatte, daß sie getrennt und doch gleichzeitig ganz und gar eins waren. Es war das Licht, das sie einte. Sie waren individuelle Wesen, weil jeder seinen Körper und seinen Geist besaß, aber das Licht, ihre bemerkenswerteste Eigenschaft, war dasselbe. Licht ist beweglich und kann durch gedankliche Energie übermittelt werden; Finsternis ebenso.

Auch wir Menschen bestehen aus drei wesentlichen Seinsebenen. Daß wir einen Körper haben, ist offensichtlich, und seit der Beerdigung meines Onkels Sam, bei der ich zum erstenmal einen toten Körper sah, wußte ich zweifelsfrei, daß wir einen Geist haben, der den Körper eine Zeitlang bewohnt und ihn dann verläßt. Aber Körper und Geist sind nur zwei der Elemente, aus denen das ganze Wesen besteht. Das dritte ist eine innere Natur, die aus Finsternis oder aus Licht bestehen kann. Bei den meisten von uns ist es eine Kombination der beiden; die jeweiligen Anteile verändern sich bei jedem Gedanken, der in unserem Verstand entsteht, bei jeder Fernsehshow, die wir sehen, bei den Worten, die wir sagen, und bei jeder Interaktion mit anderen Menschen. Sogar ein Lächeln kann das Verhältnis verändern. Durch die Substanz – Licht oder Finsternis –, die wir benutzen, um unsere Worte und Taten und sogar unsere Gedanken zu formen, besitzen wir unglaubliche Macht, für das Gute oder für das Böse zu wirken. Ein Gedanke, egal, ob aus Licht oder aus

Finsternis bestehend, ist im Grunde eine Tat im Embryonalzustand. Zwar werden viele Gedanken nicht weiterverfolgt, aber alle Taten waren zuerst Gedanken. Ein Gedanke, der ausgesprochen wird, erhält Kraft und kann verletzen oder heilen. Durch lichtvolle Worte, durch finstere Gedanken und Taten schmieden wir unser eigenes Geschick und das der anderen.
Als Sterbliche sehen wir die Welt durch vergängliche Augen, die das Licht oder die Finsternis in anderen und uns selbst nicht unbedingt entdecken. Mit unseren physischen Sinnen nehmen wir bestimmte finstere oder lichtvolle Elemente wahr, aber diese Elemente sind nur ein kleiner Teil des Ganzen. Mit Hilfe unseres Geistes können wir unsere Fähigkeit erweitern, breitere Streifen von Licht bzw. Finsternis zu sehen. Die Liebe zum Beispiel ist ein Aspekt des Lichts, den wir mit dem Gefühl wahrnehmen. Wir sehen sie weder mit unseren physischen Augen, noch berühren wir sie mit unseren physischen Händen, aber wir wissen, daß sie existiert. Die Liebe ist eine Energie, die wir durch unseren Geist erkennen können. All unsere Gefühle haben eine innerste Natur, die aus einem bestimmten Grad an Licht oder Finsternis besteht.
Genauso wie die materielle Dunkelheit unsere Sehfähigkeit behindert, werden wir spirituell blind, wenn wir voll Finsternis sind. Wenn genug Finsternis sich ansammelt, ist sie so aggressiv, so undurchdringlich, daß es fast unmöglich wird, das Licht zu sehen oder zu spüren. Es ist sehr viel einfacher, Licht aufzunehmen, wenn bereits Licht in uns existiert. Und wie die

Lichtbänder, die wir mit unseren physischen Augen sehen, unsere materielle Umgebung erhellen, gibt es unsichtbare Wellenlängen des Lichts, die uns Dinge offenbaren können, die wir nicht so offensichtlich sehen. Wenn wir nicht eine gewisse Menge Licht in uns haben, können wir die Finsternis nicht erkennen. Deshalb konnte ich zum Beispiel die negative Energie hinter JoAnnes Verhalten spüren, aber nicht die Auswirkungen meiner eigenen erkennen.

Mir wurde gesagt, daß alles entweder gut oder böse ist. Es gibt keine Grauzone, keinen Zwischenzustand. Licht ist Licht, und Finsternis ist Finsternis; und wie Öl und Wasser stoßen Finsternis und Licht sich ab. Manchmal sind die beiden eng ineinander verflochten, und es ist schwierig, sie unabhängig voneinander zu sehen, aber sie nehmen nie denselben Raum ein. Deshalb konnte Gott nicht in die Finsternis meines Gefängnisses kommen, sondern blieb vor der Grenze aus Nebel. Und deshalb konnte ich auch die Finsternis nicht verlassen. Ich war voll von Finsternis, und mein Geist konnte keinen Raum einnehmen, der voll Licht war.

Dasselbe Prinzip gilt in uns. So etwas wie einen passiven Beobachter gibt es nicht. Alles, was wir hätten tun sollen, aber nicht getan haben, hat eine Wirkung. Finsternis und Böses ziehen sich gegenseitig an. Licht und alles, was es zum Inhalt hat, wird von Licht angezogen.

Jetzt erkannte ich dieses Prinzip in meinem eigenen Leben. Obwohl viele Ansichten, die ich über mich hegte, ihren Ursprung in den schmerzlichen Worten und den verletzenden Taten anderer hatten, erhielt ich von meinen Eltern auch positive Botschaften über mich. Auch meine Freunde und die Mitglieder meiner Kirchengemeinde, die sich für mich interessierten, vermittelten mir gute Gefühle über mich, und durch diese lichtvollen Gedanken und Taten konnte ich schöpferisch sein, besonders während meiner Teenagerjahre.

Ich erinnere mich vor allem an einen Augenblick des Lichts aus dieser Zeit. Die Großmutter meiner Stiefmutter – Oma B., wie wir sie nannten – lebte in einem Pflegeheim. Meine Familie besuchte sie regelmäßig. Meiner Schwester und mir graute vor diesen Besuchen; wir haßten den Geruch nach Urin und alten Menschen und die Konfrontation mit dem Tod. Aber an einem Weihnachtsfest, als wir Oma B. besuchten, beschlossen Toni und ich, ein bißchen herumzuwandern. Wir staunten darüber, wie viele einsame Männer und Frauen dort waren, in ihren Rollstühlen auf den Korridoren standen und keinen hatten, der sie Weihnachten besuchte. Da wir musikalisch begabt waren und nichts Besseres zu tun hatten, beschlossen wir, für die fünf oder sechs Patienten, die sich im Hauptversammlungsbereich aufhielten, Weihnachtslieder zu singen. Nach kurzer Zeit war der Raum voller Menschen, von denen viele mit glücklicher, brüchiger Stimme mitsangen. An diesem Nachmittag empfand ich so viel Frieden und Glück, daß ich nicht gehen wollte.

An diesem Tag hatten wir uns entschieden, für das Licht zu wirken. Es ist eine Tatsache, daß es Folgen hat, wenn ein geistiges Gesetz verletzt wird. Dasselbe gilt, wenn wir Gutes schaffen. Wenn wir positiv handeln, wenn wir anderen aus eigenem Antrieb dienen, ohne an den Nutzen für uns selbst zu denken, muß das Licht in uns zunehmen. Manchmal dienen wir anderen, damit die Welt uns zu Dank verpflichtet ist. In diesem Fall machen zwar unsere Beweggründe die gute Tat nicht kleiner, aber die Vorteile, die wir durch sie haben, gleichen unser Opfer aus, und das Licht nimmt nicht zu.
Was ich an diesem Tag getan hatte, erzeugte Licht in mir. Es lehrte mich, daß ich mich jederzeit entschließen konnte, eine neue Realität zu erschaffen. Ich brauchte der Wut meiner Stiefmutter oder dem Egoismus der Menschen, die mich mißbraucht hatten, nicht zu erlauben, meinen Garten zu verwüsten. Ich meine damit nicht, daß ich dem Schaden ganz hätte entgehen können; aber bei jeder peinigenden Ungerechtigkeit, die mir angetan wurde, war Jesus bei mir. Er ist bei jedem von uns und durchlebt mit uns Böses und Gutes. Gott will sicher nicht, daß seine Kinder mißbraucht werden, vor allem nicht die, die sich nicht wehren können. Aber es ist möglich, daß der Mißbrauchte dem anderen verzeiht und so nicht von ihm zerstört wird. Es ist schwierig, aber nicht unmöglich. Ich hätte in diesem Kampf seine Hilfe in Anspruch nehmen können.
Damals wußte ich das nur nicht. Was ist der Unter-

schied zwischen einem Menschen, der keine Macht hat, sein Leben zu steuern, und einem Menschen, der die Macht hat, es aber nicht weiß? Es gibt keinen.

Und weil ich es nicht wußte, ließ ich zu, daß die Finsternis sich in mir ansammelte. Ich sah jetzt, daß mein hartes Urteil und meine Beschuldigungen meine Fähigkeit begrenzt hatten, über blinden Haß hinauszugehen. Wir neigen dazu, den Opfern eines Mißbrauchs zu helfen und den Missetäter zu verabscheuen; dabei lassen wir die Tatsache außer acht, daß auch er irgendwann einmal Opfer war. Wir können weder den Schmerz eines anderen verstehen noch das kleinste Vergehen beurteilen, wenn wir das Leben dieses Menschen nicht gelebt haben und wissen, wie jeder Augenblick ihn beeinflußt hat. Mit derselben fehlgeleiteten Logik neigen wir dazu, anderen nur zu helfen, wenn wir sie für hilflos halten. Deshalb weigern sich viele von uns, Menschen die Hand zu reichen, von denen wir annehmen, daß sie für sich selbst sorgen können, obwohl sie in Lumpen durch unsere Straßen wandern und ihre gesamten irdischen Besitztümer in einer Plastiktüte oder einem Einkaufswagen mit sich führen. Aber jedes Leben ist wichtig. Wir haben weder die Aufgabe noch das Recht, andere zu beurteilen.

Unser Schicksal wird also durch unser Bewußtsein bestimmt, durch unsere Fähigkeit bzw. Bereitschaft, das Licht aufzunehmen. Falls wir nicht beschließen, eine bestimmte Ebene der Finsternis zu akzeptieren, können wir immer weiter wachsen. Wir haben die Wahl.

17

Als mein Verständnis geweckt war, machte das Licht, das mich nährte, alle Dinge klar. Ich sog das herrliche Licht ein, ich war in reines Wissen, reine Liebe – alles Gute – eingebettet. Und so wurden mir viele Wahrheiten offenbart.

Ich verstand, daß alles, was in unseren Verstand eingeht, uns beeinflußt und das Verhältnis zwischen Licht und Finsternis in uns verändert. In der Zeit vor meinem Selbstmordversuch war ich von einer krankhaften und düsteren Literatur, von Fernsehsendungen und Filmen angezogen gewesen, die aus der Finsternis kamen. Ich sah mir nachts eine religiös verbrämte Serie an, in der es um den Mord an einem jungen Mädchen in einer Kleinstadt ging. Der Dialog war ein Durcheinander von Unsinn und tief symbolischen Lehren finsterster Natur. Die Sendung war total »in«, und ihre Anhänger zitierten oft aus dem Drehbuch und erörterten die Möglichkeit verborgener Bedeutungen. Ich machte es genauso und vermehrte so die Finsternis in meinem Geist. Zu der Zeit waren fast all meine Kleidungsstücke schwarz, ein scheinbar unbedeutender Zufall, der in Wirklichkeit klar meine Ausrichtung zeigte.

Und wahrscheinlich der wichtigste dunkle Einfluß auf

mich war die Musik, die ich hörte. Manche Musikstücke haben Worte, die harmlos – oder besser geistlos – erscheinen, aber wenn diese Worte mit einer spirituell finsteren Musik verbunden werden, können sie im Geist ihrer Hörer mehr Finsternis erschaffen. Wir können spüren, ob die Töne eines bestimmten Stücks aus Licht oder aus Finsternis bestehen; wir brauchen nur zu beobachten, wie die Musik mit unserem Geist zusammenwirkt und eine bestimmte Stimmung erzeugt. Die Musik, die ich damals wählte, lullte mich ein und betäubte mich; in symbolischen Wendungen predigte sie Tod und Egoismus und verdrängte das Licht.

Auch damals wußte ich, daß die Musik, die mir gefiel, und die Dinge, die wichtig für mich geworden waren, nicht »von Gott« kamen. Aber damals war ich überzeugt, spirituell unvollkommen zu sein. Ich dachte, daß ich in den Augen Gottes ein Versager wäre, und so wurde ich genau das und warf mich der Finsternis in die Arme. Ich dachte, ich hätte mein Leben in der Hand, und erkannte nicht, daß die schädliche Macht, die ich anzapfte, in Wirklichkeit mich in der Hand hatte. Die Finsternis erzeugt Unstetigkeit und Ungewißheit in uns. Wenn das Licht in uns abnimmt, halten wir mal dies, mal das für den besten Kurs. Wir wollen oft, daß Zustände in unserem Leben sich auf eine Weise ändern, die nicht gut für uns ist, denn ein Lebensstil, der aus Finsternis besteht, ist verlockend und täuschend. Zur Zeit meines Selbstmords liebte ich meine Familie, aber ich war nicht bereit, die Dunkelheit zu bekämpfen und ein schwieriges Leben zu führen, um mit ihr zusammenzusein. Ich war in einen spirituellen Abgrund hineingestolpert.

Ich hätte mich damals nur retten können, wenn ich mich von der Finsternis befreit und meinen Geist mit Licht angefüllt hätte. Aber ich hielt meine Probleme für so massiv, daß ich dachte, nichts könne mir helfen; dabei hatte ich nicht verstanden, daß die Richtung, die ich eingeschlagen hatte, mich zerstörte. Es gibt nur zwei Richtungen: zum Licht oder zur Finsternis. Es ist egal, wie weit wir auf dem Weg gekommen sind, solange wir uns auf das Licht zubewegen. Jeder noch so kleine Schritt ist wichtig. Mir wurde gesagt, daß die kleinen Dinge, die wir tun, soviel Einfluß haben, weil sie sich ausbreiten und wachsen und neue Samen erzeugen.

Damals kam mir gar nicht in den Sinn, daß ich beten könnte. Die Menschen beten oft, weil das für sie die letzte Zuflucht ist und sie so lange in der Finsternis herumgestolpert sind, daß sie einen Gott, den sie normalerweise nicht anerkennen, verzweifelt um Hilfe bitten. Aber ich hatte solche Schuldgefühle, daß ich es nicht wagte, vor meinen Schöpfer zu treten, obwohl ich genau das hätte tun sollen.

Gott hat unglaubliche Macht, Finsternis und Licht allein durch seine Gedanken umzuverteilen. Wenn wir mit kraftvollen, frommen Worten des Lichts demütig bittend zu ihm kommen, wird die Finsternis vertrieben. Sie wird durch heilende Wahrheit ersetzt, durch Licht, das uns befähigt, noch mehr Licht zu

sehen. Gott, der ohne Finsternis ist, kann uns keine Finsternis geben. Er kann uns nur Wahrheit geben, das, was für uns am besten ist. Alle Antworten Gottes sind im Licht enthalten, und durch dieses Licht vermittelt Gott uns reines Wissen. Die Wahrheit ändert sich nie. Entweder wir akzeptieren sie und werden erleuchtet, oder wir verwerfen sie und bleiben in der Finsternis.
Deshalb ist Beten nie das »Geringste«, was wir tun können. Wenn wir aufrichtig, vertrauensvoll und nach Wahrheit strebend zu Gott beten, erzeugen wir die machtvollsten »Erweiterungen« des Lichts, deren wir fähig sind. Oft sehen wir die positive Wirkung nicht, die unsere Gebete auf das Leben der Menschen haben, für die wir beten, aber jedes gesprochene Gebet wird von Gott erhört. Unsere Fähigkeit, seine Antworten zu sehen und zu hören, schwankt, aber er kommuniziert immer mit uns. Ich bete oft für die anderen verstorbenen Seelen, die am Ort der Finsternis eingeschlossen wurden. Ich bete darum, daß auch sie Gott sehen werden, der auf jede einzelne von ihnen zugeht.
Wir alle sind ewige Geschöpfe mit grenzenlosem Potential. Gott der Vater hat mir gesagt, daß auch er eine sterbliche Existenz auf einer Welt wie der unseren hatte und auf seinem Weg weitergekommen ist, weil er sich für das Gute und gegen das Böse entschieden hat. Diese Worte überraschten mich. Daß wir spirituell weiterkommen, wenn wir uns für das Gute entscheiden, war immer so und wird immer so sein. Mir wurde gesagt, daß es zahllose Welten gibt, die sich um zahllose Sonnen drehen, und jede wird von Kin-

dern Gottes bewohnt, die denselben Gesetzen unterworfen sind.
Und da wir ewige Geschöpfe sind, gibt es so etwas wie einen letzten und absoluten Tod nicht. Wir sterben, um wieder zu leben, aber wo dies der Fall sein wird, hängt davon ab, wie wir auf Erden gelebt haben. Je mehr wir bereit sind zu lieben, desto mehr Licht erzeugen wir in uns selbst. Je mehr wir auf Abwege geraten, desto mehr Finsternis verbreiten wir. Alle Segnungen Gottes sind an Bedingungen geknüpft, denn die Gesetze Gottes sind unwandelbar. Sie können nicht ungestraft aufgehoben oder mißachtet werden. Wenn wir sie verletzen, werden wir bestraft: Das Licht nimmt ab. Wenn wir sie befolgen, erleben wir eine Gnade, eine Zunahme des Lichts. Dies sind Tatsachen.
Mir wurde auch gesagt, daß ich als Frau die Hälfte eines Ganzen bin. Die Vereinigung von Mann und Frau gibt uns schöpferische Macht – die gottähnlichste Macht, die uns Sterblichen zugestanden wird. Mir wurde gesagt, daß mein Mann und ich in dieser Verbindung gleich wichtig sind, daß wir aber unterschiedliche Aufgaben haben. Abgesehen von der unterschiedlichen körperlichen Ausstattung werden wir mit bestimmten Eigenschaften geboren, die Gott uns gegeben hat, damit wir diese Aufgaben ausführen können. Mir wurde gesagt, daß ich als Mutter, die beschlossen hatte, mit Alex und Jacob zu Hause zu bleiben, mehr getan hatte, als ich wußte, damit meine Kinder sich geborgen fühlten und eine positive Einstellung zu sich selbst bekamen. Viele Mütter können

nicht ständig mit ihren Kindern zusammensein, aber ich hatte diese Möglichkeit; und so war es eine der wenigen guten Entscheidungen aus jenen Jahren gewesen, die Karriere um der Mutterschaft willen aufzugeben. Im Austausch dafür, daß ich meine Verantwortung als Mutter und Ehefrau akzeptiert hatte, würde ich Gelegenheiten erhalten, zu wachsen und Lektionen zu lernen, die eng mit meinen geschlechtsspezifischen Pflichten verbunden sind.

Dann wurde mir klar, daß Richard nicht Geld verdiente, weil ihm das Spaß machte. Er tat es, weil er uns liebte. Als männliche Hälfte unserer Verbindung würde auch er Gelegenheiten erhalten, die Lektionen zu lernen, die mit seiner Rolle als Vater, als Ehepartner und Mann zu tun hatten. Gott hat den Männern bestimmte Kräfte nicht gegeben, um sie zu Herrschern oder Tyrannen zu machen, sondern damit sie Aufopferung und Verantwortung lernen. Gottes Absicht für die Männer ist, daß sie dienen und nicht nach Würden und Privilegien streben.

Auch die Samen anderer Wahrheiten wurden in mir angelegt, obwohl ich sie zu dem Zeitpunkt nicht weiterverfolgen konnte. Ich erkannte, daß sie mein ganzes Leben hindurch sprießen und mich verständnisvoller machen würden. An dem Tag, an dem ich starb, erfuhr ich, wie man lernt.

18

Jetzt verlagerte meine Wahrnehmung sich, und die Finsternis schien sich etwas zu heben. Als ich in das dunkle Gefängnis gekommen war, hatte ich zuerst nur Dinge und Menschen im Reich der Finsternis gesehen. Aber sobald ich von Gott und Jesus genug Licht aufgenommen hatte, wurden meine geistigen Augen für eine andere Dimension der Finsternis geöffnet. Ich sah jetzt, daß überall um mich herum Lichtwesen waren.

Zuerst konnte ich ihre Anwesenheit nur spüren. Energieansammlungen streiften wie ein schneller Windhauch an mir vorbei. Ich konnte das Licht, das von diesen Geistwesen ausging, spüren, bevor ich ihre Gestalt sah. Sobald ich erkannte, daß Lichtwesen um mich herum waren, sobald ich sie spürte, konnte ich sie sehen. Ich hatte den Grundsatz der Menschen »Ich glaube nur, was ich sehe« gegen die Wahrheit Gottes »Glauben heißt sehen« eingetauscht.

Diese geistigen Boten Gottes leuchteten wohltuend, ohne Gottes feste Form und majestätische Kraft zu besitzen. Sie waren in weiße Gewänder gehüllt, und ich wußte nicht, ob sie männlich oder weiblich waren. Obwohl ich nicht sehen konnte, was sie machten, als sie hierhin und dorthin eilten, wußte ich, daß sie uns

Menschen auf der Erde halfen. Wie Öl auf Wasser schwimmt, blieb die aktive Schicht der Lichtwesen über einer Schicht von grimmigen, reglosen dunklen Wesen.
Die jüngst Verstorbenen, die auf der Ebene ankamen, wurden in weiße Gewänder gekleidet, aber diese Gewänder waren schmutzig. Wie stumme Schlafwandler, mit seitlich herabhängenden Armen, stiegen diese gefesselten Seelen in die Finsternis hinab; ihre ausdruckslosen Augen starrten ins Leere. Sie kamen aus derselben Richtung wie ich, dumpfe und hoffnungslose Opfer des Lebens, die sich darauf verlassen hatten, wirklich zu sterben; jetzt füllten sie den rückwärtigen Rand des Gefängnisses, während die Finsternis sich ausbreitete, damit sie Platz hatten. Es war traurig: Sie waren so jung und so tot. Als ich beobachtete, wie sie zu Dutzenden hereinmarschierten, wurde mir gesagt, daß die meisten von denen, die jetzt sterben, zu einem Ort der Finsternis gehen.
Die Hölle ist zwar auch eine bestimmte Dimension, vor allem aber ein Geisteszustand. Wenn wir sterben, sind wir durch das gebunden, was wir denken. Im Leben auf der Erde ist es so, daß unsere Gedanken um so schädlicher sind, je realer sie durch entsprechende Taten werden – wenn wir der Finsternis erlauben, sich in uns und anderen zu verbreiten. Ich hatte schon in der Hölle gelebt, bevor ich starb, und es nicht erkannt, denn bis zu dem Zeitpunkt, an dem ich mir das Leben nahm, war ich vielen Konsequenzen entronnen. Wenn wir sterben, wird unsere geistige Verfassung sehr viel

deutlicher, denn wir werden mit denen zusammengetan, die so denken wie wir. Diese Anordnung ist vollkommen natürlich und folgt aus dem Lebensstil, zu dem wir uns in dieser Welt entschieden haben. Im ewigen Plan der Schöpfung ist unsere Zeit auf Erden nur ein Augenblick, und doch ist sie ein entscheidender Augenblick der Wahrheit, ein Wendepunkt. Sie bestimmt, wie unsere Seele für alle Zeiten existiert, in der Zukunft und in der Vergangenheit.

Mit jedem Lichtpartikel, den ich annahm, gehörte ich weniger zum Bereich der Finsternis. Ich hatte nicht gespürt, wie ich von der Oberfläche abgehoben hatte, aber jetzt schwebte ich über dem Feld der Finsternis und hinein in das Reich der huschenden Geister des Lichts. An diesem Punkt muß ich erkannt haben, daß ich dabei war, ins Leben zurückzukehren, denn ich hatte Angst. Ich bezweifelte immer noch, daß ich leben konnte, ohne anderen nicht wiedergutzumachende Schäden zuzufügen. Aber mir wurde nachdrücklich gesagt, daß meine Vergangenheit – die Verletzungen, die ich mein ganzes Leben hindurch erlitten hatte und die ich meinerseits Richard und den Jungen angetan hatte – jetzt keine Rolle mehr spielte. Mir wurde gesagt, daß ich von jetzt an nur noch die Gebote zu befolgen brauchte. Es war einfach, denn wir alle gehorchen. Die entscheidende Frage ist nur, wem.

Ich spürte das Drängen der Geistwesen, die umherhasteten, um das Werk Gottes auszuführen. Mir wurde dann gesagt, daß wir uns in den letzten Augenblicken vor der Rückkehr des Heilands auf die Erde befinden.

Mir wurde gesagt, der Kampf zwischen Licht und Finsternis auf Erden sei so heftig geworden, daß die Finsternis uns vernichten wird und wir verloren sein werden, wenn wir nicht beständig das Licht suchen. Mir wurde nicht mitgeteilt, wann es geschehen wird, aber ich verstand, daß die Erde auf das zweite Kommen Christi vorbereitet wird. Ich sah auf die bemitleidenswerten Seelen hinunter und erkannte, daß ich nicht mehr so empfand wie sie. Ich wollte leben.

Dann kam die mächtige Energiequelle, die mich in das dunkle Gefängnis transportiert hatte, zurück, um mich zu befreien. Für den Bruchteil einer Sekunde hatte ich das Gefühl zu stürzen. Die Finsternis raste vorbei, und plötzlich war ich wieder in meinem Körper und lag auf der Couch. Als ich meine Lungen mit Luft füllte, wurde ich unversehens an den körperlichen Schmerz erinnert; mein Magen tat weh, in meinem Kopf hämmerte es, und ich fühlte mich wieder schwer und schwach. Aber ich war überwältigt von demütiger Dankbarkeit. Mir war ein warnender Blick auf mein Schicksal gestattet worden; und dann plötzlich verstand ich, daß mir eine zweite Chance gewährt worden war.

19

Die Haustür ging auf und erfüllte das Wohnzimmer mit willkommenem Licht. Der leichte Vorhang nahm den Windhauch auf, ein Kontrapunkt zu Richards festem Schritt, als er durch den Flur ging. Seine Silhouette zerstreute das helle Sonnenlicht. Die Auswirkungen der Medikamente, die ich genommen hatte, zeigten sich, als ich die Füße auf den Boden schwang und mich aufsetzte. Richard, der ins Wohnzimmer kam, setzte sich auf die Lehne des Zweiersofas, und ich sagte: »Das glaubst du mir nie.«

Sein erstaunter, anteilnehmender Blick sagte mir, daß er es vielleicht doch tun würde.

Trotz meiner Aufregung war meine Sprache langsam und zäh, als ich versuchte, ihm sacht von dem Schrecklichen zu erzählen, das ich getan hatte. Er mußte gespürt haben, daß ich in großer Not gewesen war, denn bei der Nachricht nickte er nur. Sein Gesicht war blaß, als er von dem Zweiersofa auf die Couch wechselte. »Geht's dir gut? Sollen wir dich nicht ins Krankenhaus bringen?« fragte er.

Aber Gott sprach durch sein Licht immer noch zu mir. Ich wußte, daß dies nicht notwendig war. Gott hatte mich dem Leben zurückgegeben. Und ich wußte, daß es mir mehr schaden als nützen würde. Da ich die abhängige Frau eines Offiziers der Luftwaffe war, konnte das Militär mich in die USA zurückschicken. Es würde schwer sein, sie davon zu überzeugen, daß ich keine Gefahr mehr für mich selbst war und meine Familie jetzt vor allem zusammensein mußte. Ich war gezwungen, die Medikamente auszuschwitzen, aber sie würden mir nicht dauerhaft schaden.

»Sieh mich an, Richard«, sagte ich ihm. »Mir geht es gut. Es wäre eine Katastrophe, wenn das auf den Dienstweg gelangte.«

Sobald er über den ersten Schock hinweg war, erzählte ich ihm von meiner Reise. Dabei bemerkte ich als erstes, daß die meisten wiederhergestellten Erinnerungen mir genommen worden waren. In der neuen, erweiterten Form fielen mir nur noch die allerersten Erinnerungen ein: meine Geburt, daß ich von meiner Mutter gewiegt wurde und ein paar Glanzpunkte aus meiner frühen Kindheit. Hinsichtlich der übrigen Ereignisse meines Lebens waren mir nur die Einzelheiten geblieben, an die ich mich schon vor meinem Tod hatte erinnern können. Auch diese Ereignisse erschienen ein bißchen abgeschwächt, wie Informationen, die ich vor Jahren aus einem Lehrbuch gelernt hatte. Ich konnte mich an die groben Linien erinnern, aber nicht an viele Fakten.

Als ich begann, Richard von meiner Reise in die Welt der dunklen Geister zu erzählen, wurde mir bewußt, daß die Fähigkeit, Finsternis und Licht zu sehen, mir geblieben war. Überall sah ich kleine Energiepartikel. Ich hatte das Gefühl, als könnte ich mit der Hand durch die Wand gehen und die Moleküle würden sich voneinander trennen, wenn ich es wollte. Um meine Topfpflanzen war sichtlich ein Leuchten. Richard besaß eine große Aura von Energie.

Als ich diese Energie sah, spürte ich die Anwesenheit Gottes in allem, was im Zimmer war. Ich sah, daß der Zweck jeden Gegenstands darin bestand, Gott zu verehren, indem er uns diente – die Bücher, das Bücherregal, die Kissen auf der Couch und dem Zweiersofa. Alles reagierte auf Gottes Stimme und pries ihn auf der ihm gemäßen Ebene. Und ich erkannte, daß diese Energie ihr wahres Wesen war, daß ihre materielle Beschaffenheit nicht so wichtig war wie das Licht, das sie enthielten.

Jetzt öffnete ich mich Richard zum erstenmal seit vielen Jahren und sagte ihm, ich hätte mein Verhalten einfach nicht steuern können. Die Worte, die ich sagen mußte, fielen mir mit kristalliner Klarheit sofort ein. Sobald ich die Worte ausgesprochen hatte, füllte mein Geist sich mit Licht. Ich erkannte plötzlich, wie lange ich gefangen gewesen war – und warum.

Genauso real wie Gott und Jesus Christus existiert ein Wesen der Finsternis, Satan. Er hat Konklaven dunkler Engel, und wir sind ihre Beute. Ich begriff, daß diese dunklen Geister mich umgeben, in meinem Haus überhandgenommen und meine gesamte Familie in Mitleidenschaft gezogen hatten. Jetzt war mir alles klar. Ich hatte sie eingeladen, damit sie Chaos und Hader verbreiten konnten. Ich war so mit Finsternis angefüllt gewesen, daß ich die böse Gesellschaft, die ich unterhielt, leugnete.

Ich sah, daß die Musik, die mir gefallen hatte, direkt von Satan und seinen Engeln inspiriert war, daß die schweren, dumpfen Melodien und die pulsierenden Schläge meinen Verstand fast andauernd mit Finsternis gefüllt hatten. Wahrheitsfeindliche Botschaften waren in mich hereingepumpt worden und hatten mein Denken und Tun beeinflußt. Und ich hatte nicht nur zugehört, ich hatte getanzt.

Dann öffnete sich die Tür noch einmal. »Mama, geht es dir jetzt besser?« kam die süße Stimme von Alex. Jacobs goldenes Haar hüpfte auf und ab, als er hinter Alex hereinstapfte und sich in meinen Schoß warf. Ich nahm ihn hoch, während Alex seine Arme um meinen Hals schlang. Ich hielt meine Jungen fest und betete im stillen: »Ich danke dir.«

Nach den Jungen kam meine Freundin Jennifer herein; als sie mich sah, blieb sie wie angewurzelt stehen. »Angie, du siehst schrecklich aus«, sagte sie. »Kann ich irgend etwas für dich tun? Soll ich dir die Jungen abnehmen?«

»Nein, es geht mir gut, aber ich muß mit dir reden«, sagte ich. Während Richard die Jungen in die Küche führte, um das Abendessen zuzubereiten, half Jennifer mir die Treppe hinauf.

Wir setzten uns zusammen auf mein Bett, und sie untersuchte meine verschorften Handgelenke. Dann erzählte ich ihr von meinem Erlebnis. Sie umarmte mich und sagte: »Das ist unglaublich. Geht es dir wirklich gut? Du hättest mich rufen sollen.«

»Ich weiß, ich weiß, ich kann nicht glauben, daß ich etwas so Dummes getan habe«, sagte ich.

Sie drängte mich, ins Krankenhaus zu gehen, aber ich weigerte mich und sprach von meiner Angst, zurückgeschickt zu werden.

»Ja, wahrscheinlich hast du recht. Und irgendwie würde es in Richards Akte heißen, daß er eine Verrückte zur Frau hat.«

Als ich sie dann weiter über die Einzelheiten meiner Reise informierte, wurde ich von neuen Offenbarungen überschwemmt. Ich sah noch deutlicher, daß ich eine Marionette Satans gewesen war. Es gibt zwar Gegensätze – Licht und Finsternis, Wahrheit und Täuschung, Liebe und Haß –, aber auch eine Unzahl von Möglichkeiten dazwischen, Verdrehungen und Verzerrungen der Wahrheit, die aus Finsternis bestehen. Die Liebe ist das Wichtigste, was wir in dieser Welt lernen sollen, und doch hatte Satan diese einfache Wahrheit verdreht und mich überredet, im Namen der Liebe zu meinem Mann und meinen Kindern eine schreckliche Tat der Finsternis zu begehen. Wie konnte es die Liebe sein, die mich drängte, sie zu verlassen, ohne überhaupt zu überlegen, welche Auswirkungen die Entdeckung meines toten Körpers im Haus auf sie haben könnte?

Der Selbstmord war das Egoistischste, was ich hatte tun können. Er war eitel und entstammte der Überzeugung, daß ich mich niemandem öffnen konnte, daß ich meine Probleme allein lösen mußte. Das waren die Lügen Satans.

Gott liebt uns und ruft uns zu sich. Er kann uns nicht zwingen, uns für das Licht zu entscheiden.

Als ich über diese Dinge nachdachte, entstand in mir eine mächtige Energie, die mir bestätigte, daß meine neuen Einsichten richtig waren. Und die Offenbarungen gingen weiter: Ich sah jetzt, daß ich nie gezwungen worden war, in diese Welt zu kommen. Ich sah, daß ich vor meiner Geburt wußte, vor was ich stehen würde, und daß ich mit Gott zusammen das Drehbuch für den Verlauf meines Lebens geschrieben hatte. Ich wußte, daß Verwirrung und Kummer meine Begleiter sein würden. Ich wählte meine Eltern und sogar verschiedene Freunde, bevor ich auf die Erde kam. Die Möglichkeit, ein einfacheres Leben zu haben, stand mir immer offen, aber ich bot mich freiwillig an, ich opferte mich, denn ich liebte die Menschen, die meine Familie werden sollten, und wollte mit ihnen zusammensein. Ich wußte, was mich erwartete, und trotzdem entschied ich mich zu kommen. Diese Entscheidung treffen wir alle.

Ich erkannte auch, daß Gott mir Helfer geschickt hatte – selbst in den Zeiten, in denen ich jegliche Verbindung zu ihm abbrach. Eine Lehrerin in der Sonntagsschule hatte meinem Sohn das Beten beigebracht, und wegen des Glaubens meines Vierjährigen überlebte meine Familie im Gegensatz zu vielen anderen. Ich war dieser Frau nie begegnet, und sie hatte wahrscheinlich keine Ahnung, daß ihre einfache Tat christlicher Nächstenliebe – kleine Jungen und Mädchen eine Stunde in der Woche unterrichten – Gutes bewirkte. Und doch werden die Folgen ihrer kleinen Freundlichkeit für alle Zeiten verspürt werden.

Später erhielt ich einen klaren Beweis für diese Folgen. Ungefähr ein Jahr nach meinem Selbstmordversuch sahen Alex und Jacob einen Zeichentrickfilm, in dem ein Kaninchen vorkommt, das eine Vision hat: Es würde etwas Schreckliches passieren, wenn alle Kaninchen nicht sofort ihr Gehege verließen. Alex verstand nicht, warum das Kaninchen sich auf dem Boden rollte, und deshalb erklärte Richard, was eine Vision ist.

Alex sagte darauf: »Ich habe manchmal Visionen. Aber nicht immer.«

Ich korrigierte ihn sanft und erklärte ihm, daß es etwas anderes ist, ob man sich die Zukunft vorstellt oder ob man eine Vision von ihr hat.

»Nein«, antwortete Alex, »als wir noch in Amerika waren, hatte ich eine Vision. Ich sah, daß wir zu einem weit entfernten Ort gingen, wo eine Kirche war, und Freunde, und ein neuer Ort, an dem unsere Familie sich wohl fühlen würde.«

Jetzt griff Richard ein und erinnerte Alex daran, daß er eine lebhafte Phantasie hatte, was nicht dasselbe wie eine Vision sei.

Aber Alex ließ sich nicht beirren. »Ich *hatte* eine Vision. Ich habe viele Leute singen gesehen«, sagte er. In diesem Augenblick spürte ich einen Energiestoß und die Gewißheit, daß seine Worte wahr waren. Der

»neue Ort«, den Alex gesehen hatte, war Okinawa gewesen, das für meine Familie zum heiligen Ort der Heilung wurde. Hier traten meine besten Freunde in unser Leben. Und die Unterstützung meiner Kirchengemeinde – wahrscheinlich die Leute, die Alex singen gesehen hatte – gab mir Kraft und Vertrauen.

Was Gott und sein Sohn mich bei meiner Reise lehrten, machte mich nicht vollkommen. Im Lauf der Jahre habe ich weiter gekämpft. Dieses Leben ist schwer. Es ist immer schwer, aber ich bin jetzt eine sehr viel aufmerksamere Schülerin. In den Jahren seit meinem Erlebnis habe ich das Wort Gottes beständig und intensiv studiert. Ich versuche Dinge auszusuchen, die aus Licht bestehen, und umgebe mich mit einer Musik, die meinen Verstand für den Geist Gottes öffnet. Ich suche die Vergebung der Menschen, die ich verletzt habe, damit meine Schwäche sie weniger behindert. Ich knie mich oft zum Gebet nieder und stelle fest, daß dies mich beruhigt, denn wenn ich aufnahmebereit bin, zeigt es mir, daß der Schmerz in meinem Leben einen Sinn hat. Das Leid ist oft der Preis, den wir bezahlen, so daß wir den Wunsch haben, anderen zu helfen. Wenn diese Motivation, von uns selbst etwas zu geben, zu Taten führt, nimmt im Austausch gegen unseren Dienst an anderen das Licht zu. Dieses Licht zeigt sich als wahres Glück und wahrer Frieden.
Die Auswirkungen des vermehrten Lichts in meiner Familie zeigen sich oft auf ergreifende Weise. Bevor ich zum Beispiel Alex abends ins Bett packe, knien wir

uns zusammen hin und beten. Eines Abends bedrückte ihn irgend etwas, und ich fragte ihn danach.
»Mama«, sagte er, »wie kommt es, daß ich Gott nicht sehen kann?«
»Gott wohnt im Himmel«, erklärte ich, »aber das bedeutet nicht, daß er nicht ständig bei dir ist.«
»Und wenn man etwas wirklich Wichtiges braucht?« fragte er.
»Dafür beten wir, Alex. Wir reden mit Gott. Du kannst ihm sagen, welches Problem du hast, und um seine Hilfe bitten, und er gibt sie dir.«
Nachdem ich eine Weile nachgeforscht hatte, erfuhr ich schließlich, daß er Hilfe beim Umgang mit einem Jungen aus der Nachbarschaft brauchte, der ihn schikanierte.
»Er schlägt mich mit einem Stock und beschimpft mich«, bekannte Alex. »Er läßt mich auch nicht mit den anderen Kindern spielen.« Dann begann er zu weinen.
Jacob stapfte herein und ging auf die Spielzeugkiste zu.
»Ich bringe nur eben Jacob in sein Zimmer, und dann reden wir darüber, ja, mein Schatz?« sagte ich, während ich Jacob aufnahm.
»Ja, Mama.«
Nachdem ich mit Jacob ein paar Minuten im Schaukelstuhl gesessen hatte, hörte ich, wie Alex aufstand; die Laken raschelten leise, als er aus dem Bett schlüpfte. Als Jacob eingeschlafen war, hörte ich, wie Alex ehrfürchtig betete.

Ich kam in sein Zimmer, da war er bereits in sein Bett zurückgeklettert.

»Und, wie war's?« fragte ich.

»Einfach toll«, sagte Alex. »Gott hat mir gesagt, daß ich für Jerome beten soll, damit jeder, der gemein zu ihm ist, damit aufhört. Er sagte, daß ich dich holen soll, wenn Jerome gemein zu mir ist.«

Der Geist Gottes flüsterte eine Beteuerung, daß mein Sohn wirklich eine Antwort auf sein Gebet erhalten hatte.

20

Als Folge davon, daß ich meinen Geist für das Licht Gottes geöffnet hatte, erlebte ich in meinem Leben gewaltige Veränderungen. Ich gehe mit Herausforderungen mit neuer Hoffnung und Vertrauen um. Ich weiß jetzt, daß ich mein Schicksal wählen kann und den Ereignissen der Vergangenheit nicht zu erlauben brauche, mein Leben zu bestimmen. Als ich von der Finsternis ins Licht gegangen war, wurde mir sofort klar, daß mich während meines jahrelangen Mißbrauchs die Angst in den Fängen Satans festgehalten hatte. Ein Überbleibsel dieser Angst war ein miserables Selbstwertgefühl. Die Angst, ausgelacht zu werden, und die Angst vor der Mittelmäßigkeit überzeugten mich, meine mir von Gott gegebenen Talente zu verstecken.

Zu diesen Talenten gehört, daß ich ebenso wie meine Schwester Toni gut singen kann. Während eines Sonntagsgottesdienstes hatten wir einmal ein Duett vorgetragen, das schiefgegangen war. Als wir aufstanden, um zu singen, begann meine Wange nervös zu zucken, was Toni ziemlich lustig fand. Sie war genauso nervös wie ich und brach in unbeherrschtes Gelächter aus. Da Toni sich vornüberbeugte, um ihre Fassung zurückzugewinnen, mußte ich mich allein durch die demütigendsten zwei Minuten meines jungen Lebens singen. Danach beschloß ich, nie wieder in der Öffentlichkeit zu singen.

Ungefähr ein Jahr nach meiner Erfahrung mit dem Tod entdeckte eine gute Freundin von mir, die die Musik genauso leidenschaftlich liebte wie ich, wie ich beim Saubermachen eine Opernarie sang. Als begabte Violinistin überredete sie mich, mit ihr ein Duett vorzubereiten, das in der Kirche vorgetragen werden sollte. Wir übten monatelang, und ich zögerte die Sache hinaus. Schließlich brachte ich den Mut auf, einen Termin für unsere Vorstellung festzulegen; die Tatsache, daß meine Freundin sich ebenfalls exponieren würde, tröstete mich etwas. Und raten Sie, was passierte? Alles ging gut!

Die Folge war, daß ich gebeten wurde, in einem speziellen Gottesdienst zu singen; man warnte mich gleich, daß ich mit der Pianistin erst am Abend des Auftritts würde üben können. Ich zögerte, sagte aber schließlich zu.

Na, an diesem Abend ging alles schief. Die Pianistin und ich kamen spät an, und unsere Übungssession war schrecklich. Sie schlug ständig falsche Noten an, und meine Stimme klemmte vor lauter Nervosität. Als wir anfangen sollten, hatte ich einen riesigen Kloß in der Kehle, und mein Magen war hart vor Anspannung. Im stillen flehte ich Gott an, mir zu helfen, mich so weit zu beruhigen, daß ich meine Sache gut machen würde. Aber die Entspannung blieb aus.

Schließlich beugte ich mich vor, um dem Kirchenvor-

steher zuzuflüstern, daß ich an diesem Abend einfach nicht singen konnte. Aber dann sagte eine Stimme in meinem Kopf: »Es wäre egoistisch von dir, nein zu sagen.« Plötzlich war ich mit ruhiger Gelassenheit erfüllt, und ich sang fast genauso ungezwungen wie zu Hause beim Abspülen.
Ungefähr um diese Zeit herum packte mich wieder der »Zyklus«. Schon ein paar Monate nach meiner Erfahrung mit dem Tod strömten mir lange verdrängte Kindheitserinnerungen zu und bedrohten meine neue Sicherheit. Ich dachte, ich würde an dem Schmerz sterben, als diese Visionen aus meiner Kindheit wiederkamen. Als ich auf die Parade der Ungerechtigkeiten reagierte, spürte ich den Druck der Vergangenheit – Abhängigkeiten, das Bedürfnis zu fliehen –, und ich begann, um mein spirituelles Wohlergehen zu fürchten. Es war für mich die reine Qual, denn ich wußte, daß ich durch diese schmerzlichen Erinnerungen hindurchgehen, mich aber diesmal auf Gott verlassen mußte. Als ich die Wellen vergangener und gegenwärtiger Pein ertrug, brauchte ich die ganze Energie, die ich hatte, um stark zu sein.
Ich wartete, bis meine Familie zu Bett gegangen war, damit ich ungestört war, bevor ich die Bibel öffnete. Die Worte, die mich sonst beruhigt und getröstet hatten, erreichten diesmal die klaffende Wunde in meinen Gefühlen kaum. Nachdem ich mein Herz im Gebet ausgeschüttet und um Hilfe und Anleitung gebetet hatte, ging ich ins Bett, wo ich neben meinem schlafenden Mann wach lag und in mein Kissen schluchzte.

Ich sehnte mich nach der Liebe und Geborgenheit, die mich während meines Besuchs bei Gottvater und seinem Sohn Jesus Christus so vollständig erfüllt hatten; plötzlich spürte ich, wie eine winzige Hand mir sanft über den Rücken strich. Ruhiger Friede erfüllte mich. Ich glaube, daß die Berührung von einem Boten des Lichts kam, der mich schon seit vielen Jahren zu trösten versuchte. Aber erst in diesem Augenblick demütigen Flehens war ich für ihn erreichbar gewesen.

Die unleugbare Wahrheit lautet, daß der Tod nur ein Übergang ist. Das weiß ich jetzt sicher. Er ist eine vorübergehende Veränderung. In unserer unruhigen Welt gibt es so viel Leid und Wut, daß sie für manche kaum zu ertragen sind; aber in dem Augenblick, in dem wir ins nächste Leben wechseln, löst der Schmerz dieser Welt sich auf. Es ist, als würde man aus einem Alptraum erwachen. Was so real und erschreckend schien, ist im Nu vorbei und vergessen – falls wir die Dinge nicht selbst in die Hand nehmen. Dann wachen wir auf und stellen fest, daß die Monster real sind. Die Hölle ist real und sehr viel schrecklicher, als wir uns vorstellen können.

Die absolute, allumfassende Liebe, die ich spürte, als ich dort im Licht stand, lehrte mich, daß das Leben gut ist, egal, was wir durchmachen müssen. Es ist ein Geschenk Gottes, der uns liebt. Er stärkt uns mit ermutigenden Worten, aber wir müssen offen für sie sein. Er sendet Boten – Menschen und Geistwesen –, die uns helfen können, aber wir müssen sie erkennen.

Gleich nach meinem Erlebnis suchte ich qualifizierte, lichtvolle, professionelle Hilfe. Zum Glück tat mein Berater meine Erfahrung nicht als Halluzination ab. Er verstand die Kraft von Finsternis und Licht. Für die freundliche und unterstützende Anleitung bei der Überwindung der Verwüstungen, die die Finsternis in meinem Leben angerichtet hatte, werde ich immer dankbar sein.

Letztendlich war es die persönliche Tragödie, die mich lehrte, zu lieben und zu geben. Aufgrund meiner Prüfungen habe ich Stärken und Talente entwickelt, die mich befähigt haben, den Menschen um mich herum zu helfen. Der Gedanke schockiert mich, daß ich das, was mir am wertvollsten ist, fast aufgegeben hätte, daß ich das Risiko eingegangen bin, dem Schicksal geliebter Menschen zu schaden, sie mit derselben Finsternis zu bedrohen, in der ich meinen Geist gefangen hatte. Wenn ich heute aufwache, bin ich jeden Tag glücklich, daß ich noch eine Chance zum Leben erhalten habe, und dankbar, daß mir gezeigt wurde, wie ich Verzweiflung in Hoffnung, Wahrheit und Licht verwandeln kann. Das, nicht die Abwesenheit von Schmerz, ist wahre Freude.

Epilog

In den Jahren seit dem Januar, in dem ich meinen Selbstmordversuch unternahm, habe ich meine Geschichte von Zeit zu Zeit ein paar guten Freunden mitgeteilt; im allgemeinen jedoch habe ich diese heilige Erfahrung für mich behalten. Aber ein paar Monate nachdem ich von Okinawa in die USA zurückgekehrt war, bemerkte ich einen gefährlichen Trend. Wunderschöne Geschichten über die Liebe und das Licht, welche diejenigen willkommen hießen, die in den Tod gingen und zurückkamen, um von ihm zu erzählen, waren das Thema fast jeder Talk-Show. Diese Berichte haben unser Wissen vom »Leben nach dem Leben« enorm vermehrt, und ich bin dankbar, daß viele den Mut hatten, ihre Erfahrung mitzuteilen. Gleichzeitig haben wir jedoch gesehen, daß Politiker, Rockstars, Ärzte und sogar Kinder den Selbstmord als eine Art Heldentod verstanden haben. Ich begann zu befürchten, daß die Menschen ohne einen Hinweis auf die andere Seite der Nah-Todeserfahrung diese wunderschönen Berichte so interpretieren könnten, als ob ein Selbstmord sie von ihren Problemen befreien könnte.

Wie ich erfahren habe, ist nichts von der Wahrheit weiter entfernt.

Trotzdem hatte ich immer noch Widerstände dagegen, meine Geschichte zu erzählen. Mir war klar, daß manche Leute sie mit Skepsis und sogar Argwohn betrachten würden; und sie würde von mir verlangen, einige der schmerzlichsten und privatesten Details meines Lebens preiszugeben. Mit der Zeit jedoch war es mir unmöglich, weiter zu schweigen.
Ich hoffe, ich kann durch meine Erfahrung Menschen helfen, die tröstliche Tatsache zu akzeptieren, daß der Tod nur ein Übergang ist – daß wir ewig sind und für alle Zeiten leben. Und ich hoffe, sie erkennen, daß wir nur zwei Richtungen einschlagen können: Entweder wir entwickeln uns aus unserer unvollkommenen Existenz auf Erden heraus, oder wir nehmen unser irdisches Gepäck mit. So oder so müssen wir all die schwierigen Lektionen lernen, die das Leben uns präsentiert. Schließlich wünsche ich sehr, daß alle, die dieses Buch lesen, in ihm eine Quelle der Hoffnung sehen und den Mut zum Leben finden. Denn wie ich mit eigenen Augen sehen durfte, ist Gott immer bei uns. In der Bibel heißt es: »Muß ich auch wandern in finsterer Schlucht ..., du bist bei mir.« Auch durch die tiefste Finsternis braucht niemand von uns allein zu gehen, wenn er nur bereit ist zu glauben.